保育のおもむき

秋田 喜代美

ひかりのくに

はじめに

「保育の心もち」に続く第2弾「保育のおもむき」をお届けします。「おもむき」の題には2つの思いをこめています。ひとつは、各園には園固有の風景があります。おもむきの語の原義は「面向き」という説があります。園環境や保育者のまなざしとしての面がどちらを向いているかがその園のありさまを表していると感じます。保育の一般論やあるべき論でなく、各園が形造ってきた保育のよさ、そして日本の保育のよさを味わいたいという思いが私にはあります。

またおもむきには、「そのままの様、有様が深く心を動かす」という意味もあります。保育に関して心動かされたことを書く、環境を通して行なう教育としての日本の保育のよさを、各園がかもし出すおもむきを汲み取りつつ描き出すという志向性、そして心おもむくままに書かせていただいた執筆経緯から、本書題としました。またそれは、保育が大人の論理による標準化や基準によって最低限に管理統制されるべきものでは

なく、保育の場にかかわり子どもを思う人々の手仕事により、各園のおもむきを生かしつつ、専門家により自律的に質が保障されるべきものという保育制度改革動向に対する私の理念があります。

　本コラム集は、日本教育新聞、週刊教育PRO等に連載で書かせていただいた原稿が収められています。過去からの記事のスクラップ帳を作って見せてくださったり、切抜きを園に掲示してくださるなど、全国さまざまな所で読んでくださっていることをまのあたりにし有難く思いました。「小学校の校長に切り抜きを読ませてほしいといわれて渡したんです」と語ってくださった方もおられました。ひとりでもできる保幼小連携の私なりの試みとの思いもあり、第2弾を作成の運びとなりました。前著に続き、私の保育日記帳としてお届けいたします。

秋田 喜代美

● 保育のおもむき [目次]

はじめに …………………………………… 2

第Ⅰ章 日々の保育から …………… 9

1 遊びをしまう美学 …………………………… 10
2 保育者こそ「よく遊び、よく学べ」………… 12
3 遊びの豊かさと援助の言葉 ………………… 14
4 表現発表会が遊びになるとき ……………… 16
5 子どもと自然との出会い …………………… 18
6 願って待つ心の喪失 ………………………… 20
7 命を感じる …………………………………… 22
8 心の向きを示す保育室の環境 ……………… 24
9 新たな遊びと環境をつくる姿勢 …………… 26
10 持続的にかかわることで生まれる愛着 …… 28
11 「生活へ」と高める園での経験 …………… 30
12 子どもの生活リズムへの意識 ……………… 32
13 幼児には手仕事のための道具を …………… 34

- 14 幾重もの連続性の中に見る子どもの育ち ····· 36
- 15 しなやかな可塑性を育てる ················ 38
- 16 おしゃべりにつながりあう楽しさ ············ 40
- 17 「ね」と「じゃあ」に見る言葉の育ち ·········· 42
- 18 聴き合うこと、伝え合うこと ················ 44

第Ⅱ章 園の質向上のために ········ 47

- 1 環境としての空間の豊かさ ················ 48
- 2 研修としてのもの作りと環境の見直し ········ 50
- 3 境の柔軟性 ···························· 52
- 4 評価と質の向上との因果関係 ·············· 54
- 5 いつもとは違う視点、シンプルなツールで ····· 56
- 6 園文化を見る窓 ························ 58
- 7 記録したくなる園内研修のために ············ 60
- 8 効果的な組織運営と園長の役割 ············ 66

第Ⅲ章 保育者の専門性とは ……… 69

1 ビジュアルメディア活用のすすめ………… 70
2 社会性重視文化の中での環境と課題……… 72
3 保育者の魅力ある動きこそ教育 …………… 74
4 心の声での保育 …………………………… 76
5 「泣き」に見る保育者の専門性 …………… 78
6 保育における丁寧さとは ………………… 80
7 感情的実践としての保育の仕事 ………… 82
8 保育研究における新しさ ………………… 84
9 保育者の感性と判断を磨く ……………… 86
10 保育を記し共に語る ……………………… 91
11 保育者の学びと同僚性 …………………… 96

第Ⅳ章 よりよい保育を目ざして ···· 101

1　昔遊びの世代間伝承 ················· 102
2　「学び」では語れない「遊び」の醍醐味 ······· 104
3　協働的な遊びをはぐくむ ·············· 108
4　保育における連続性 ················ 114
5　アートへの意識 ·················· 116
6　国際的に見る幼保一体化の次元と
　　日本のこれから ················· 118
7　最低基準地方移譲の問題点 ············· 120
8　少子化時代の施策 ················· 122

おわりに ························ 124

初出掲載誌一覧 ····················· 126

STAFF　装丁・本文レイアウト／曽我部尚之
　　　　企画・編集／安藤憲志・橋本啓子　　校正／堀田浩之

第Ⅰ章 日々の保育から

●── I-1
遊びをしまう美学

　ある園で保育を参観させていただいた。おしまいの時間になり、4歳のM君がテラスから園庭にまで続けて作った巧技台を黙々とかたづけている。彼ひとりで運ぶにはやや重いであろうが、考えつつ動かしている。傍らに居るK君にとっては、それはせっかく作った道であり、残しておきたいもの。だから、K君とM君では思いが違い、動きも違ってくる。また、かたづけの途中で別のR君が手伝おうとするが、「違うの、階段なの」とM君がつぶやく。そしてまたひとりで続けた。

　この子のかたづけは、ただ元どおりにしようとするのではない。しまいながら、1段、2段、3段と階段を作ろうとしているのである。テラスには最終的にきれいな2つの階段が作られて終わった。

　明日の遊びをイメージしていたのだろうか。彼にとっては、ただ朝あったとおりに、元に戻して終わりではない。明日の遊びや先ほどまでの遊びとのつながりの中で物を動かしてしまっている。それがかたづけという行為になっている場面であった。子どものかたづけの美学ともいえる、知恵から生まれた端正さが、積まれた2つの巧技台の配列にあった。

　同じ園で5歳児がホールで物をかたづけていた。先生はひと言も大きな言葉を発するわけではない。保育者も子どももその日のそれまでの遊びである忍者になりきって、そっと忍び足で物を動かしながら、「うん、うん」と互いに目配せやうなずきで認め合いながら、あでやかにかたづけていかれた。

　そしてまたもうひとつの部屋を見ると、そこは子どもたちが廃

材で作ったコーヒーやおうどん、おそば、たこ焼きなどいろいろな食品が並ぶお店屋さん。保育者がひと言「もう閉店です」と言うと、子どもたちは遊びきった満足感を持ちながら、「夜になったので閉店します」とお店をしまい始めた。

　そこに保育者の発する言葉や動きの美しさを感じた。それはこれらの姿には、遊びと暮らしがつながりあって、子どもの遊びの知恵が息づいた暮らしが動いていると感じられたからである。これは２月の終わりの子どもの姿であり、もちろんここに至るまでにはいろいろな働きかけがあっただろう。

　遊びの中に暮らしがあり、暮らしの中に遊びがあるという流れが保育の趣や豊かさなのだとその園の姿から考えさせられた。

●——Ⅰ-2
保育者こそ「よく遊び、よく学べ」

　遊びに関して、あるベテラン園長先生が「新任の先生はまじめに勉強して指導してくれるのだけど、遊んだ経験がないので子どもと遊べない」と話されていたことがある。このような話は、この園長先生からだけではない。

　子どもの遊びではなく、そこでかかわる保育者が「遊べるか」という問いである。これは子どもといっしょに、対象に心を震わせる共振ができるか、それはどのようにして可能となっていくのかが、若手保育者育成では難しくなっているともいえる。

　保育者の役割は2.5人称と述べたことがある。子どもの遊びの世界に保育者自身が入り込んで夢中になって楽しめることで、子どもがさらに引き込まれる側面がある。その勢いや目の輝きに子どもがひかれるのである。その一方で、遊びの展開をとらえ、また特定の遊びだけではなく全体を見回しながら、自分の身体位置や向きを判断していくことへのスイッチングも必要である。このあたりの切り替えができないと、後者の観点には目を配っても、子どもの遊びのおもしろさに付き合えない監視人になってしまう。

　反対に、特定の子どもの遊びだけに向き合うと、遊びの発展や子ども同士をつなぐ援助はできない。したがって、ほかの子どもは信頼しつつ任せておくということになる。

　遊びは本来、自然発生的なものだが、大人側があらかじめ設定した園という制度の中で、子どもが主体的に遊ぶことを求める矛盾のために、小学校以上とは異なる、専門家としての独自の役割が期待される。子どもの遊びをおもしろいと思うセンスと同

時に、先生自身の遊びへの想像力が求められる。

　ある園のベテラン保育者が、輪ゴムのよじれの力で動くペットボトルの舟作りを年長クラスで行なうのに、その前日、子どもたちの降園後にクラスの流しをふさいで自分で実際に舟を作ってみておられた。それが「とても楽しそうに遊んでいるように見えた、自分でも遊んでみることも大事なんですね」と、若手の保育者が感心していたことがある。

　遊びは即興的なところにおもしろさがあるが、その質を考えたときに、保育者は子ども自身がかかわる環境や素材の準備、単にものを用意するというのではなく、それがどのように使われたらおもしろいかとあれこれ想像できる力が求められる。だからこそ、予想とはまったく違うことが子どもから出されたときにそれがおもしろいと感じられる。そのためには遊びにかかわる多様な知識と感性が求められる。「よく遊び、よく学べ」これは子どもだけではなく、保育者にも向けられるべき言葉かもしれない。

●——I-3
遊びの豊かさと援助の言葉

　子どもが遊び込んでいる姿を見ていくと、3点ほどの共通性が浮かび上がってくる。第1は、ひとつのものがよりきめ細かくなっていく姿である。ままごと遊びでも最初は鍋を動かすだけの料理作りから段々と、素材をよりそれらしく、より微細にして作り上げていく。箱をくっつけて作ったロボットはもっと細部にこだわり、それらしくなっていく。砂場でも、もっとこの溝に水を入れて何かを流し込んでと、ひとつの場の中で物事のリアリティー感を深めていく。遊びという虚構世界が、より子どもなりにそれらしくなる。もちろん、それはひとりで行なうだけではなく、友達とのかかわりが大きい。

　そして第2には、展開構造がより複雑になる。出来事がいくつも入れ子構造になってつながっていく。おうちごっこをしていたらそこに車で出掛け、店屋への買い物が組み合わさったり、積み木での車作りが戦いごっこへとつながったりという出来事の接続による構造の複雑さである。行為が入れ子構造になっていく。戦いごっこで基地が作られ、そこでの生活までが生まれて、組み合わされていく。これらが遊びの行為としての深まりと広がりを保障していく。

　そして第3には、その動きと連動する子どもの心の動きとして、「もっと……のようにありたい」という願いが具体的に生まれてくる。積み木遊びによって「……よりも高くしてみたい」と、積み上げたい高さのイメージがより鮮明に生まれ、「もっと速く、……より速く走らせたい」と、具体性を持って希求する。これこそが、子どものワクワク感や遊び続ける動機としての課題意識を

作り出していく。

　もちろんそのイメージが共有されれば、さらにダイナミズムは広がるし、かかわりの中で生まれていくこともある。だが共有できなくても、ひとりひとりの中にこの課題意識が生まれるかどうかがその鍵になってくる。

　遊びの援助がこの遊びのイメージの具体性を援助する方向で行なわれているかどうかが豊かさのために大事である。手順としてのやり方を方向付けるかかわりだけではなく、その遊びの世界のリアリティー感を膨らます支援が遊びの世界の豊かさを援助していく。この動きや言葉を持てる保育者の援助は、指示や統制の言葉ではなく、遊びの世界を生きる言葉と身体になっている。遊びの世界をイメージした意味の言葉と、現実の事物をどう動かしたらいいかという手順の言葉では、導く豊かさが違っている。若手保育者にはこのことに気づいてほしいと思う。

●── I-4
表現発表会が遊びになるとき

　表現発表会直後の日の保育を見せていただく機会をふたつの園で得た。いずれの園でも行事を終えた後の自由な遊びができ、先生たちの中にも少しホッとしたゆとりが見られている。

　表現発表会には自分たちでお話を作って表現するものもあれば、絵本などのお話を組み合わせて行なうものもあったり、園によりさまざまである。ただ重要なことは、それが保護者に見せるだけのショーではなく、子どもにとって表現したいと思える動きや言葉となり、新たな遊びになり活動の幅を広げていくことだろう。

　3歳の子どもたちがトロルと子ヤギになって園庭で鬼ごっこをしていた。トロル役の子の姿は子ヤギを追いかけるときにせりふをつぶやきながらその役の動きになりきって、追いかけて走っている。その3歳の遊びにいっしょに入っている5歳の子は、お姉さんらしく年少の子どもたちをかばいつつも、いっしょになってそのトロルと子ヤギの追いかけっこを楽しんでいた。そして、子ヤギが逃げてすべり台を反対から登りつめたとき、それまでそのような運動は苦手だったトロル役の子もまた坂をみずからの力で登り切っていった。お話の役になりきり、遊びに夢中になっているからこそ、できたのであった。

　また別の園では、浦島太郎の劇を表現発表会でした後、自分が演じた役とは違う役を自分で選んでやってみている。友達がやっていたのも見て楽しんでいたので、役のイメージもせりふも十分にできている。劇をやりたい子だけがやっている。踊りの音楽が流れてクラスの子が踊り出した。おもしろいのは、園庭で遊んでいた別の年齢の子どもたちもその調子の良いリズムに合わ

せて自分の遊びを止めて踊り始めたことである。そして園にいた保育者も同じように振りを付けている。表現発表会では園全体で見て楽しんだからこそ、年齢を超えてでてきた動きだと感じられた。

　日ごろの日常会話とは異なるせりふを語ったり、振りを付けて踊ったりする表現活動は、行事として短期間に行なうと、子ども側に無理を強いることにもなりがちである。けれども、日ごろと異なる言葉や語り口を我が物として自分たちの遊びの中に取り入れていくような時間をゆったりと取ることで、本当の意味での表現と響き合いが生まれ、子どもたちの力をさらに伸ばしていくことを実感できた参観だった。

　ステージショーで終わらない配慮こそ、子どもの表現を育てていく。

●── I-5
子どもと自然との出会い

　ある保育の研究会で、自然と子どもの出会いが丁寧に記述された事例を聞かせていただいた。そこで考えたことを述べてみたい。

　乳幼児期に自然に出会い触れることは、バーチャルな情報社会であるからこそ大事な経験であるのはいうまでもない。自然物としての木や草などの植物、土や砂などは遊びの世界では見たてられる対象となる。またそれだけではなく、樹や草の茂み、砂場などは子どもにとって遊びの場であり、心の居場所をつくり、安らぎを与える。

　人工物は目的に応じて単機能で作成されている。これに対して自然物は目的のために作られたものではない。だから多様性、複雑性があり、色相や手触り、形態の不均質さが、さまざまな感覚を引き出し、いろいろな見たて、気づきを子どもたちにもたらす。この微細な相違への感性や気づきこそ、多くの感性（多感覚性）を育てる。

　自然は、保育者にも子どもにも「ちょっと、すこし、わずか、かすか、ほのか、こまやか、ひめやかというようなことをさやかに感ずる能力から生まれる豊かさ」（野口三千三）を感じる経験をもたらしてくれる。

　また四季の季節感、大きくそびえる樹が感じさせる歳月などは、短時間で刹那的快楽に慣れている現代の子どもたちに、ゆったりとした時間の流れや栽培しながら育ちや実りを期待して待つという経験を育ててくれる。

　種から植物が育ち、実がなり、また種が採れるといったサイク

ルの経験は、待てなくなっている子どもたちにとって、命あるものに触れ、思いどおりにならないものと共に生きることを実感する得がたい経験である。

そして、それが染め物や保存食、生け花など衣食住の日本の文化にもつながっている。自然との出会いは戸外だけではなく、園での室内の生活にも自然とつながり、またその自然との出会いを繰り返すことで、子どもたちは木や花にかかわる物語や詩を自分で作ってみたりすることも生まれていく。そうすることで心の中に自然というものが刻み込まれていく。

花や虫の図鑑を持って名前を教えるように、言葉を介して自然と出会い科学を学ぶのではなく、遊びの中で自然と一体になり、また暮らしの中で自然を生かして楽しむ体験を四季折々に繰り返していくことが、今の乳幼児期には不可欠なのではないだろうか。

そして逆説的だが、そのような体験を通してこそ「センス・オブ・ワンダー」も育つといえるだろう。

●── I-6
願って待つ心の喪失

　梅雨明けを待つころの話である。どの園も「てるてる坊主」を作りつるしている。どれもかわいい顔で、目が付けられている。幼児音楽研究会の会長をされている繁下和雄先生に「江戸時代には、てるてる坊主もだるまなどと同じように願いがかなって晴れたときに、感謝の気持ちを込めて目を入れて川に流すものだった」というお話をうかがった。

　それ以来、関心を持ちいろいろ調べてみると、中国では「掃晴娘(ソウチンニャン)」といい女子だったのが、日本では男子に代わったことや、つるし方の変遷などもわかってきた。童謡『てるてるぼうず』（浅原鏡村・作詞、中山晋平・作曲）も「てるてる坊主　てる坊主　あした天気に　しておくれ　それでも曇って　泣いたなら　そなたの首を　チョンと切るぞ」と歌う３番部分は、残酷だと近年は歌われなくなっているという。

　この３番は願いが強いことの反面としての残酷さだろう。今では「てるてる坊主」を作って飾るが、後はいつの間にかゴミ箱行きとなっていることが多いのではないだろうか。

　たこ揚げも江戸時代には親子で年始めに、願い事を「たこ」に乗せて天に届けるというものだったというが、今日ではそのような願いと共に揚げるものというよりは、どれだけ高く揚がるかを競い合うものとなっているように思う。

　私たちの祖先は自然に向き合い、子どもと共に祈り、願い、待つことを、雨や風など自然とのかかわりの中で大事にしてきたことがわかる。そしてそれが遂げられたときの感謝の気持ちも併せ持っていたように思う。

自然という人の力では逆らいがたい力に対峙し、それを生かしながら願う気持ちを、「てるてる坊主」や「たこ」という形あるものにして受け継いできた。それは、歌にもなって歴史的に子どもの文化の中で象(かたど)られていった。

　しかし今日の保育の中では、物象化された物や歌は残り、季節の遊びや活動として実施はされるが、そこに埋め込まれた「願う心」「願って待つ楽しみ」については、保育者でも由来を知り保ち続けている人が減ってきているように思う。七夕の短冊飾りでも同様だろう。

　いつでもどこでも刹那的に欲求を満たしてくれる事物のおもしろさに興じることが多くなっている。持続的に願って待つ経験自体が薄らいでいる。保育の中でこそ、この「心もち」を自然とのかかわりの中で受け継ぎ、皆で天候に感謝し喜び合うような活動をしたい。それが日本的保育の質ではないだろうか。

●── I-7
命を感じる

　園庭や保育室内、また子どもの表現の中に、さまざまな形で「自然」と出会うことを保障しておられる園の研修に参加させていただいた。

　ダンゴムシ探しに子どもが夢中になっている。ダンゴムシは幼児にとってもっとも身近な虫のひとつらしく、私がかかわらせていただいているソニー教育財団の『ソニー幼児教育支援プログラム』のウェブマガジンでも、もっとも話題に上ることが多い。

　そのダンゴムシに、自分の名前や友達の名前を付けて楽しみ合っている。その中で、プリンカップに入れて、逃げないようにビニールで蓋をし、セロハンテープではることを思いついた子がいた。それを見ていた子もまねしたところ、ダンゴムシがセロハンテープにくっついてしまった。それを発見して「ダンゴムシさん、くっついてる」と発見する子が出てきたりする。

　別のクラスではクワガタムシに興味を持った子どもが触っている。虫にとってはかなり苦しい状況だった。このような虫の苦境に、先生がどの時点でいかにかかわるのかは難しいところだろう。子どもたちの中から、「かわいそうだから土に置いてあげよう」という声が挙がったりする。

　結局、先生がダンゴムシの入ったカップのビニールに穴をあける姿を見せ、セロハンテープに付いた虫は「そっと外してあげよう」と誘って、一件落着となった。日々の小さな出来事であるが、子どもたちとっては捕まえる対象から、育てる対象への転換点になったと感じた。

　園長先生が「道に虫やカエルの死骸を見つけたときに、生ゴ

ミの袋に入れて捨てて終わりにして平気な子どもではなく、そっと土に埋めてやるとホッとするような心もちを、幼児期に育ててあげたい」と話されていたのが印象的であった。

おそらく穴に埋めたら、それでダンゴムシのことを忘れてしまうことが多いだろう。庭のない家庭ではゴミとしてしまうことも多いらしい。

しかし、限りある命を世話したり、子どもなりのお墓を作ってあげたりするという儀式化の過程を通して、子どもは愛着を持っていとおしむことを学び、互いに命あるものとしての、共生感覚が育っているのだと感じる。

このクラスでは保育室に各自が描いた大きなダンゴムシの絵が飾られていた。その姿は子どもによって実にさまざまで、伸びやかな表現になっている。科学の観察対象として図鑑などとつなぐだけではなく、共に生きている感覚を幼児には育てたい。

●——I-8
心の向きを示す保育室の環境

　海外の研究者に話をするときにもっともわかってもらえない領域の概念が「環境」である。と同時に、日本の保育の姿を特徴的に表しているともいえる。環境には、広く一般的な環境を指す場合と、内容領域の「環境」を指す場合もあり、この点の曖昧さもあるといえる。

　しかし環境構成が豊かである園ほど、保育者が饒舌、声高にむだな言葉を話すことが少なくなり、子どもがみずから主体的に動くようになる。それによって保育者自身の身体も、特定の子どもや物に向かうというより、並びみて受け入れ子ども同士や子どもと物をつないでいける使い方になっていると感じる。これはひとつの原理のようにも感じられる。

　そして環境は、空間的なものと考えられがちであるが、空間の履歴としての時間が、子どもたちにとって同じ物理的なものであってもそれが愛着や感情を生み出す大事なものとなっているのかどうかを決めていく。

　先般うかがった園では、前年育てた植物の種を採って、また蒔いて育てるということをしておられた。そのことを子どもたちも知っているから、種採りも真剣である。年中で採った種を蒔くから、年長になったときにもそこから出た芽や花に愛着を持つようになる。

　大きなヒマワリの根っこにはおイモのように大きなカボチャができるのではないかと、夏の黄色い実をめぐって、子どもたちが大人の常識では考えられないような予想をたてる。こうして予想をたて、ヒマワリが枯れた後、自分たちで掘り起こしてみて納得

したからこそ、種採りへの思い入れも強くなる。

　保育者が環境構成やその再構成をするときに、そこにどのような思いと時間の流れを見通すかが環境の重要な要因であると思う。ある園では、自分のものをロッカーにしまうのに、きれいなしまい方の写真がひとりひとりのロッカーにはってある。だからこそ、その写真が次のしまい方を方向付ける。

　子どもたちの絵を掲示するのに全部をはるだけでなく、時にはイーゼルを使って1枚ずつお話ししたり、味わうことをしたりしている環境では、友達の絵の見方も変わってくる。

　そしてそのときのそのものの向きや配列こそ、子どもとその場のつながりをどのように意識しているかがよく見えてくる。ある保育園にうかがうと、絵本コーナーの環境が毎回変わっている。そこにどこまで先生がその場の意味を見いだし楽しんで心を配っているかが見えてくる。環境とは子どもと共に保育者が何を楽しんでいるかの心の向きを示していると感じている。

● ── I-9
新たな遊びと環境をつくる姿勢

　2009年10月下旬、国際乳幼児保育発達会議が上海万国博覧会記念として「保育の質、投資、評価」を中心論点として開催された。お招きいただいたので、日本の保育の質を保障する仕組みと保育評価をめぐる政策、及び研究の実態と課題を紹介し、保育実践例を含め講演してきた。

　異文化に身を置くことで、日本の保育実践をあらためて考えることができる機会は、私にとってとても貴重であった。担当者にお願いし、豪華な幼稚園ではなく、平均的な経済階層の幼児が通う公立幼稚園2園、絵本活動等を重視している園と、運動能力育成を重視している園を見学させていただいた。上海は米国同様、市や区で等級が認証として付されている。1級園を訪問した。

　この2園は建物も雰囲気も私には違うにように感じた。にもかかわらず、共通して印象深く感じたのは、保育者手作りの環境や教材の工夫と姿勢である。私が寄せていただく日本の幼稚園や保育園と比して、廃品から手作りした品が多く保育環境に活用されていた。経済的な事情もあるだろう。だが、市販の遊具や道具、教材を購入するのではなく、保育者が手作りでさまざまなものを子どもと共に工夫して作り、それを環境として必要な場に置くことは、子どもの発達に応じた活動を構成でき、ねらいや育てたい内容が明確になっているだけに、有効に機能しているのではないかと感じた。段ボールや牛乳パック、ペットボトルを何十通りにも活用していくところに、先生たちの飽きることない追及の足跡が見えてくる。

運動を重視している園では、ペットボトルの底部分のカーブを、ボールを受ける部分に使用し、新聞紙の棒を付けシャベルのようなラケットのようなものを作っていた。新聞紙を丸めたボールをたくさん作り、クリケットのような遊びが行なわれていたり、ペットボトルを6本ずつ束ねてダンベル状のバランスを取る道具を作って、運動遊びができるようにしている。それらを子どもたちは遊びの中でうまく活用し、自分たちでも飾りを付けたりしつつ改良していた。

　日本の園でも段ボールや新聞紙をはじめ、廃材を各園で使用している。ただその使用は年間を通して決まってくることが多く、新たな教材開発が行なわれている場面を見ることは必ずしも多いとはいえない。子どもが跳ぶ力や投げる力をよりいっそう伸ばしていくためには今度はこんなことをしてみよう、段ボールの穴のあけ方でこのように楽しめるのではないか、そこには思い入れがある。先生が廃材を活用して子どもと共に、新たな遊びの環境を作る姿勢に元気をもらった園訪問だった。

● ── I-10
持続的にかかわることで生まれる愛着

　園で保育を見せていただくときに"もの"が子どもたちや保育者によってどのように扱われているのかを見ていると、研究保育だからと最近出したものなのか、日ごろから使い込まれているものなのかが見えてくる。子どもがどのように出会い、使いこなし、大事にしているのかが、ものへの愛着となって物語っているからである。

　２月にしては少し暖かくなってきた日に、ある園で５歳児が水道のところから割った竹をつないでいき、砂場の穴へと水を送って入れようとしている姿があった。段差があって竹と竹がうまくつなげないところがある。すると別の子がジョウロを持ってきて、一方の竹から流れ出る水を受けていた。ジョウロに入った水はいっぱいになると、もうひとつの注ぎ口からあふれ出し、それを受けるようにもう一方の竹を配置する。こうすることで、段差を解消して水が送れるような工夫をしていた。

　また、砂場には穴を掘るためにスコップ等だけでなくさまざまな道具があり、掘り方によって使い分けている。このような砂場遊びを繰り返し行なうことで、この子たちは知らず知らずのうちにその場にふさわしい道具の使い方を学び、工夫を発見しているのだと思った。このようにその場をわがものとして子どもが遊べるようになっていくことが、愛着を持って遊ぶこととして展開している姿だろうと感じた。

　また別のある園では、室内の劇遊びで使っていたであろうものを園庭に出し、そこにマットや鉄棒などさまざまなものをつないで置くことで、内と外がつながりながら遊びが展開していた。自

分たちで色を塗ったものだから愛着がある。だからある目的のためにやって終わりではなく、自分なりに使いこなそうとしているのである。

　愛着が生まれるには繰り返しかかわる持続性が大事である。秋に種採りをしていた園で、1月になり、網を伝って伸びたアサガオの蔓の上のほうに少しだけ種が残っているのに気づいた子どもたちが、再び種採りを始めていた。これは子どもたちが種をまき、育ててきたから気になるのである。先生は「ある時期が終わったら、終了だとこれまでは思っていたが、もう一度子どもの目を通してみて、冬の種採りも悪くないなと感じた」と語ってくださった。園での暮らしが"もの"や場に愛着を持ったものになっているからこそ、卒園のときに子どもたちのいろいろな思い出となって残るのである。子どもから見て大事にしたいものが生まれる保育を考えたい。

●── I -11
「生活へ」と高める園での経験

 保育を語るのに「学び」という語がよく発せられるこのごろである。だが、私は「生活」という語こそ重要であり、保育の鍵概念のひとつだと思っている。「幼稚園は幼児の世界である。そこでは一切が幼児の生活に出発し幼児の生活に帰着する」[1]とし、「生活を生活で生活へ」という倉橋惣三の思想が日本独自の保育様式を醸成させてきた。大事なことは「生活へ」とより高次の質の生活へと転換を図かっていくことにあるだろう。

 先日、自然を研究主題としている園の公開研究会に立ち合わせていただいた。同園では今までにも、春に子どもたちが種籾(たねもみ)の選定をする保育を見せていただいた。夏にはペットボトルの苗床で稲を育て、自由遊びの中でも「こめづくり」絵本を作成している場面を参観させていただいた。そして秋には、地域のおじいさんと共に子どもたちが稲こきを行なうのを参観させていただいた。

 初めは稲からお米を取るという操作に関心いっぱいだった子どもたちが、先生が「どんな音がするか聞いてみて」と声をかけることで「海の音みたい」「さらさら」「じゃらじゃら」「しゃらしゃら」など、みずからの感覚で聴き取った言葉を自分の表現として表しながら交流していた。この子どもたちはその後、自分たちの米でおにぎりを作るのをとても楽しみにしている。

 おそらく毎日の食卓で食べているときには目に見えなかった米粒の育ちの過程が子どもたちに見えてきたり、あのときの米の音が思い出されることで、ご飯を食べるときに空腹を満たす行為とは違う、子どもは子どもなりに味わうことが十分にできるようになるだろう。それが「生活へ」の高まりの姿の、表れのひとつで

はないかと思う。

そしてこの過程は、家庭ではすでに経験できなくなった日本の米作り文化の歴史を、子どもたちが引継ぎ担うものとなる追体験でもあるだろう。これは米作りということに限ったことではない。

色水遊びから「染め」の文化、わら焼きの枝などで室内を飾ることから「住」の文化へ、本物志向のごっこ遊びから労働に触れることへと、子どもにふさわしい経験を充実させることで「生活へ」と高められる。

倉橋は「見よ、子どもらの生活が咲いている。満開している。彼らみずからにどんなに喜ばしいことであろう」[2]と述べた。実りや枯れ葉の秋になっても子どもの園生活は常に、そしてさらに美しく咲く季節であってほしい。

――――――――――――――――――――――――――
＜引用文献＞
（1）倉橋惣三『系統的保育案の実際』（日本幼稚園協会）
（2）倉橋惣三『育ての心』（フレーベル館）

●── I-12
子どもの生活リズムへの意識

「早寝早起き朝ごはん」運動が各地域で広げられ、子どもの生活リズムに保護者も目を向けてもらうよう園からの呼び掛けが熱心になされるようになってから、数年がたつ。おかげで大半の子どもたちの生活リズムは順調なようである。しかし経済格差によって、家庭での子どもの起床や就眠時間が、世帯年収が特に低い層でさまざまな影響を及ぼしていると報告されている。

文部科学省の助成を受けてさまざまな機関で幼児の生活リズムに関する調査が実施されている。それらの調査は大規模で大概が予算の関係上、夏か秋に実施されている。

そこで私は、共同研究者の園長先生たちと共に、たった1園だが2008（平成20）年7月、2009（平成21）年1月、7月の3回にわたる縦断研究として、2学年の子どもたちの生活時間、リズムの追跡調査を行なってみた。結果から、3学期になると戸外遊びの減少や遊び時間の短縮が見られ、朝ごはんを食べる時間や土曜、日曜の就眠時間の遅れも顕著になってきていた。大人も寒くなるほどに布団から出たくなくなり、夜更かしをしがちである。しかし季節の変化に応じて、園が子どもの生活リズムを意識してかかわることも、大事なのではないかと感じた。

またその園では歩数計を付けてもらい、特に運動能力の高い子ども群と、現状ではまだ十分に育っていない群の、1週間の歩数量の比較分析をすることも行なった。すると、歩数は必ずしも保育の中での活動能力とは関係していない。しかし、運動能力が高い群は、食事に要する時間が10〜30分以内であるのに対して、低い群では半数が30分以上かかる。残さずに食べる子ど

も数も、運動能力の高い群のほうが有意に多い。年齢の変数を統制してもこの結果が見られる。また友達と遊ぶ時間も高い群のほうが長いが、習い事などをしている時間も長い。つまり生活が一定のリズムを持ってきぱきとすることで、よく遊び、よく暮らすことができている。これに対してゆっくりタイプのお子さんは活動量も多くはないので、運動等の力が育っていないということができる。決して追い立てて急がせるのではなく、その子のテンポを見ながらも楽しくリズムを持ってできるように、家庭と連携していくことが大事だろう。生活リズムを、大人も子どももう一度見直してみたいと思う。

● ── I-13

幼児には手仕事のための道具を

　園における「生活」の意義と生活リズムについて前節、前々節と述べてきた。園での生活において、子どもは暮らしに必要な道具についても生活しながら学んでいく。先達が作り出した文化的な道具を使いこなすのは、人の人たるゆえんである。ではどのような道具を幼児には手渡すことが大事なのだろうか。

　先日、園内研修で訪問した園で、5歳児2人が迷路の地図を描いていた。鉛筆を使っているが、芯が減ってきたので、A男が手動の鉛筆削りを持ってきた。

　鉛筆を差して、挟み、回す、というイメージは持っているが、うまく差し込めない。脇のB子が「いい？ 7番にしてこうやるの」と、やって見せる（この7番が何を指すのかはわからなかった）。今度はA男がやってみるが自分ではできない。するとB子が「あのね、力強くグサッと差してから」と言う。「僕も、グサッてやってみるよ」とA男が再び挑戦してみると、今度はできた。「ほうら、できたでしょう」とB子は自慢げである。そこに鉛筆削りに関心を示したC男もやってきた。今度はA男がC男に「グサッとやって、ぐるぐる」と、体感の込もった言葉で伝承している。

　このようすを見ながら、電動鉛筆削りが置かれている小学校の教室を思い出した。電動式であればだれでも早く使える。しかし、園だからこそ、この手動の単純な道具を使うことで、削る行為の身体感覚を得ることが必要ではないだろうか。

　掃除道具でも、水を運んだり、土を掘ったりする道具でも、最初から便利な物を与えるのではなく、手仕事を通して手ごたえを感じて学ぶことを幼児期には培いたいと感じた。一見、不便なよ

うであるが、子ども同士相互にその道具の使い方を伝承し合ったり、協力し合ったりする機会となり、自己効力感、達成感を与えるように思う。

　昔、園や学校は視聴覚教材やピアノなど文化的に最先端なものがある場所であった。しかし現在では、家庭は冷暖房完備で、電子機器も備わり、家事の省力化のためにさまざまな電化製品がある。その便利さが、人間の知恵から生まれたことを実感するために、また、道具は仕事を通して変化をもたらし、世界や他者とのかかわりを生み出すものであるということを体感するために、懐古主義といわれようと、園は手仕事のための道具がある場所であってほしいと思う。それが、人の生活としてより豊かな「生活へ」の基点になるのではないだろうか。

●── I-14
幾重もの連続性の中に見る子どもの育ち

　中秋の名月の直前、ある幼稚園の園内研修にうかがった。3〜5歳までの子どもがお月見団子作りに取り組んだ後、このときのねらいと活動がどのように発達的な違いを持ち、どのようにその後につながるのかを話し合った。行事は年に1回だが、それがどのような経験として前後の活動、年々の経験の中で育っていくのか、行事の中の活動が何をどのように育てることにつながるよう期待しているのか、ということである。こうした議論が連続性を見ていくときに必要だろうと思っている。

　夜空を見る経験を考えると、七夕の行事で星を見ることと、月を見ることにつながりがあることが自覚される。子どもたちの言葉は、5歳くらいになると、ウサギが居てというファンタジーの世界と、月の満ち欠けなどに関する科学的知識との両方が交じり合い保育室の中を行き交っていくことがわかる。そのようなときにはどんな話や絵本、環境があり得るのかということも議論された。

　また、お月様にお供えすると手紙がくるといった、その園のこれまでのやり方を、4歳の子どもたちが記憶していることで何のためにお月見をするのか、お供えとは何か、ということを子どもなりに年を追うごとに理解しているのがわかる。3歳は決まったものをお供えして満足であるが、5歳になると自分たちが育てた野菜もお供えしようとか、4歳ではお供えのススキがお月様のほうを向いているだろうか、などの話し合いが出てきている。このように行事の意味を自分たちの行為と結び付けて考えられるところに、発達の連続性を確かめることができるだろう。

　月見団子を作るのに5歳児十数人が1グループになり、生地を

作り丸めていく。先生は皆で同じになるように分けてごらん、と投げかけた。子どもたちは当然のことながら、自分が欲しい分を取るため「〇〇ちゃんのほうが多い」とクレームが出てきた。ベテランの先生が「私だったら4等分くらいにして、子どもが見通しを持って分けられるようにしてから、4人でこれを分けてごらんと言うかなあ、それが分けるということを経験させるきっかけになるから」と話された。若い先生たちも分けてほしいという願いは持っている。しかし、それが具体的に連続性を生むためにはどのように働きかけたらよいかというときのきめ細かさに、時に差異が生まれるのかもしれない。

　降り積もるようにつながる連続性、活動間の連続性、行事の連続性など、幾重もの連続性の中に子どもの園での育ちがあると感じた日だった。

●── I-15
しなやかな可塑性を育てる

　幼児教育と小学校以上の教育の連続性について、大人はいろいろな立場から語っている。では、子どもたちはどのように感じているのだろうか。子どもの声を聴きたいと思い、研究者仲間たちと共に幼稚園年長の1、2月と小学校1年の6、7月に「幼稚園と小学校で毎日どんなことしているのか」をテーマに絵を描いてもらった。そのうえで「幼小でどんなところが違うと思うか」を、子どもひとりひとりに聴く縦断調査を2008年に全国3か所で実施した。ヨーロッパでは複数の国で、既に実施されている調査方法である。

　おもしろかったのは、小1の6月ごろには教室内よりも校庭で遊ぶ絵が多く、そこには子ども同士が描かれていることが多い。先生の絵を描く子は、いなかった点である。それは、大半の子は友達とのつながりがうまくできていることの表れでもある。入学から1、2か月後の子どもたちの小学校に対するイメージは、この10年間の幼小連携や幼小接続の実践のおかげか、「小学校といえば座学」というイメージはあまり強くない。おそらくそれらは2学期過ぎから象徴的に形成されていくのだろう。この意味では、実は移行は1学期で終わりでなく、子どもは時間をかけて学校という場を感じ取っていくことも示している。段差という言葉がよく使われるが、段のように一点での変化を感じるというよりは、順次さまざまな面で移行が進んでいく連続的変化の経験をしているといえるだろう。

　子どもたちは幼小の違いを、「運動場の広さが違う」「廊下が広い」「幼稚園のトイレは洋式もあったが、小学校には和式しか

ない」「音楽室が無かった」などと話してくれる。また「勉強が毎日1回はある」「宿題がある」など勉強に関する活動の違いも多くの子が話してくれた。それは、学びの場の大きさや設備の違いを彼らが肌で感じ、環境の移行を実感していることが伝わってくる。

　幼小の接続で重要なのは、子どもたちにとって環境の変化に適応する可塑性や対人関係能力が育っていることであるという知見が海外ではいわれている。連続性を子ども自身が見いだし作り出していけるしなやかな可塑性を育てることが大事なのである。幼稚園と同じ活動を小学校の導入に入れることが幼小の連続性だという実践を見掛けたりすると、大人の側は子どもの本気で学びたいという姿勢にどのようにこたえているのだろうか、子どもっぽくすることではなく、子どもみずからが幼児期に培った意欲や柔軟性を生かせる連続性を作り出してほしいと思うことがある。表面的な連続ではなく、挑戦的な経験の連続性をぜひ、保障してほしい。

●── I-16
おしゃべりにつながりあう楽しさ

　「おしゃべり」を辞書で引くと「雑談」と説明されている。学校ではむだなことや合目的的行為ではない話として受け取られることが多い。しかし乳幼児の場合には、このむだや雑多、遠回りととらえられることの中にこそ、発達への豊かな基盤が準備されていることは、保育者ならだれでもが体験していることだろう。そこに授業という単元内での限定的時間の制約で目的的指導をする教育と、保育という長期的見通しにおいて総合的に行なう教育の違いがある。だから子どもや保育者に求められる言葉の質の違いも生まれてくる。

　乳幼児の場合には子ども同士のおしゃべりこそ、言葉への感性を培い、他者との対話の楽しさや展開のしかたを日々体験していく機会である。食事や製作、砂場などではたくさんのおしゃべりが交わされている。これらは主活動とは関係ない。

　「ミエ、とうふすきだよ」「タカシ、のりものすきだよ」「ぴーぽーと、のりもの、すきだよ」といったやりとり（研究室の淀川裕美さんによる記録）を見ると、一見脈絡なさそうな豆腐と乗り物が好きという3歳初めの会話でも、タカシに応じて「ぴーぽーと、のりもの、すきだよ」とミエが合わせる姿に他者の言葉への応答の芽生えを読み取ることができる。

　幼児期に子どもに対話や聴く力を育てるというのは、他者の言葉を取り込み、つなげたり、質問したりする行為として育っていくことである。と同時に、伝わらないもどかしい経験、自分の思いとまったく違うことを他者に言われ泣いたり抵抗したりしながら言葉にならない難しさも学んでいく。

協働的な遊びが現れる根底には、小さなときからのこのようなやりとり経験が必要でありこれは大人ではなく子ども同士だからできることである。保育者がどのようにことばがけするのがよいのかという議論の前に、やりとりの中での子どもの育ちを見ることが大事だろう。言葉は対人関係を形成し、また言葉の中に関係が反映される。子どもの発する言葉の内容を文字どおり聞く教師は数多くいても、その言葉が発せられたときの子どもの存在を聴ける教師は少ないという、哲学者ネル・ノデイングスの指摘は、保育の場にもつながるように思う。

　おしゃべりの中に人と人がつながり合う楽しさの基点があるのではないだろうか。その中での聴き合う関係の育ちを見つめてみたいと思うこのごろである。

● ── Ⅰ-17
「ね」と「じゃあ」に見る言葉の育ち

　前節ではおしゃべりが発達に大事だということを述べさせていただいた。この節では、一見、意味のなさそうな助詞や接続詞が示すものの意味を考えたい。

　私の研究室で保育を研究されている高櫻綾子さんは保育園で３歳時期の子どもの会話を記録し、言葉の中に表れる終助詞や文頭の「ね」「な」を拾い出している。対人関係がまだできていない時期の子どもには、「これは、僕のだからね」と主張したり、「やめてよねえ」と抗議する「ね」が多い。しかし次第に仲間と親密性が高くなると「いっしょにやろうねえ」のように、間主観性を高める「ね」の使い方が増えてくる。子どもはこの使い分けを意識しているわけではない。

　しかし、言葉の端々に対人関係の育ちが現れている。「ね」という助詞だけではコミュニケーション内容は伝達できない。しかしそれが大事な機能を果たしていることを、私たちは保育の中でなんとなく感じ取っている。

　日米の親子の読み聞かせ比較研究で、日本の母親だけが間主観性を強める「ねえ」を使うと聞いたが、対人関係の濃い私たちの文化に支えられている文末表現なのだろう。

　先日、京都教育大学附属幼稚園の先生方が「じゃあ」という言葉の使い方が３、４、５歳でいかに変わっていくかを分析された研究を拝読した。「じゃあ」は他者との思いの対立の調整に使用し、折り合いをつけるために使われる言葉である。それが実際の保育で子どもたちにどう使われているのかの事例研究である。３歳ではなかなか他者の視点と独力で折り合いをつける「じゃ

あ」の使用は難しい。だが、5歳になると「じゃあ、じゃんけんにしよう」「じゃあ、これ使っていいよ」など、他者視点を持って自分たちで交渉する力が育っていくという。

「ね」などの言葉で一体感を作り出した子どもがしだいに、「でも」「じゃあ」などの言葉を使いながら、相互の考えに折り合いをつけられるようになっていく。

「ね」も「じゃあ」も、おそらく大人が使い方を教えているのではない。子ども同士の関係の中でしぜんに学び合い、その言葉を使いながらより深い意味の交渉のしかたを体得しているのだろう。幼児みずからが関係を取り結ぶ言葉をどこかで聞き取り、その有能な使い手になっていく。そこに、私は保育の中での子どもたちの言葉の育ちのしぜんな姿があるように思う。

●── I-18
聴き合うこと、伝え合うこと

　3学期に入ると、年長児クラスでは小学校入学を意識した働きかけの機会が増えてくる。伝え合うことの大切さがいわれるようになってから、みんなの前で発表したり話し合いをしたりする機会が保育の中で増えてきている。しかもそれが、さながら学校への適応のために「はい、はい」と挙手をして発表し、「質問ありませんか」といった形式で尋ね、「大きな声で言えてよかったですね」と賞賛し、拍手をするというルーティンのように行なわれる姿を見ると、私は食傷ぎみになる。

　小学校で本当によく聴き合う関係ができている学校では、このようにはしないのにと思うことが多い。伝えるべき内容はほかの人にとっても聴きたい内容であり、共有することで自分たちの次の活動がより豊かになっていくような内容でなければならない。

　例えば、絵本の読み聞かせを聴くときや、外部の人が特別なお話をしてくれるときには、子どもたちは真剣だ。それは中身の内容が濃く、言葉の質が高いからである。

　ところが、練習として、個々の子どもの体験発表をやってしまうから、子どもにとって苦痛になってしまうし、聴くほうも無理やりその形式に適応しようとして形優先になりがちである。またこのようなときに先生はお話をうまくできたかどうかを評価したり、姿勢のよい子はだれかを見出したりする。しかし本当に、じっと耳を傾けていることや雰囲気の良さを認めるような言葉をかけることができる先生は少ない。つまり、体が聴き手全体に開かれていないからである。

　しかし、言葉は場の雰囲気によってつくり出される。スラスラ

大きな声で言えることを評価するのではなく、言いたい思いを受け止め、その内容がその子らしい話であったり、聴き手に伝えたいと思える内容であることを認め、深めていけるやり取りが大切である。それは取りも直さず、子ども自身の工夫や思いつきであるはずだ。

　小学校でも、聴くことについて姿勢や態度だけを繰り返しいう教室では言葉がパターン化して貧弱である。対話は、よく考えられた質の言葉が発せられることで、そこからうねりをもって高められていくという性質を持っている。だからこそ、聴き入ったり語り合ったりすることができるのである。

　3学期はクラスの育ちが如実に現れる時期である。だからこそ、友達同士、クラス同士での楽しいことや相互に認め合える姿を語り合って協働の意識を高めていきたい。

第Ⅱ章 園の質向上のために

●──Ⅱ-1
環境としての空間の豊かさ

　全国社会福祉協議会から、日本女子大学の定行まり子先生たちが「機能面に着目した保育所の環境・空間に係る研究事業総合報告書」を 2009 年 3 月に出された (http://www.shakyo.or.jp/research/09kinoukenkyu.html)。これは戦後 60 年間一度も変更されてきていない保育所の設置に関する面積の最低基準の見直しを具体的に科学的な根拠データに基づき求める報告書である。保育所のみならず、幼稚園の保育環境に関して、空間の豊かさと教育的行為との関係を考えるのにもきわめて有用な報告書である。筆者は先日、本プロジェクトの責任者の定行先生と鼎談させていただく機会を持ったことで、あらためて本報告書を読みながら幼稚園に関しても何点かのことを考えた。

　第 1 に幼稚園の場合には、幼稚園設置基準について施設の設計等の学識経験者も参加して法的に何度も見直されてきており、施設及び設備について教育的観点からの保障が記されている。しかしそれが具体的に今回の幼稚園教育要領の改訂の実現によってどのように工夫したらよいのかなどは記されていない。定行先生たちの報告書には、具体的にひとりあたりの必要な面積だけではなく、空間の機能面に着目して保育所保育指針で述べられている理念が具体的にどのように実現されるべきかという機能別のガイドラインと、実際に訪問したさまざまな園の事例について参考資料が提示されている。保育所保育指針の各項目を実現するためには、どのような環境が必要とされるのかを述べている。例えば人との多様なかかわりを促すことを記した指針の当該項目文書を整理し、それに応じるためには「多様な人数規模で

の活動が促される環境、異年齢での活動が促される環境」が必要になる。では具体的にどのようにすれば促される環境になるのか、望ましいかが書かれている。

　空間は教育実現のために機能的に準備されている必要がある。この点から保育空間を見直してみることが幼稚園でも必要ではないだろうか。園ではどの場所が幼稚園教育要領のどのような行為を具体的に実現しやすい場所になっているのか、なりえていないとすればどのような工夫ができるかというように、二次元文書を三次元空間で考える試みである。

　また第2には、この報告書の基本となっている考え方は人が住まう文化的空間の基本に「食寝分離」という考え方があり、戦後の日本の住居空間ではこれが追求されてきたが、保育所では実現されているところが少ないことを示しつつ、機能的に空間を構成することの必要性を述べている。幼稚園では食事の空間が遊びの空間にもなるが、時間によってどのようにそれが利用できているのかなど、預かり等で長時間化してきている保育に対して、どのような機能をどの空間でということを見直してみることが必要だろう。

　保育所と違って幼稚園では園庭の運動場面積が義務付けられている。これは画期的であるが、運動空間としてみたときにどのような運動能力が引き出される場として機能しているだろうか。また、保育所にも園庭面積の基準が望まれる。このように教育理念——その実現のための機能的空間の柔軟なあり方——を、子どもの実態をつなぎながら考えていくことが大事なのではないだろうか。

●── Ⅱ-2

研修としてのもの作りと環境の見直し

　いろいろな園にうかがうと、環境や素材に対する意識の細やかさにはっとすることが多い。8月のある日にうかがった園では、保育室の中に緑のうるおいがあると感じた。例えば子どもたちの目線に、カイワレダイコンがほんのわずかだが、きれいに植えたものが飾られていたり、ニンジンの切れ端から出た緑の葉っぱがひとつの命の豊かさを感じさせてくれたりしている。暑いときだからなかなか花は飾っておけないが、それでも7月の室内にある緑は涼しげな感じを受ける。

　また天井からつるされた木の枝にはさまざまな飾りが付けられ、それが毎月飾りが変えられることで季節感が感じられたりする。この木の枝も園長が拾ってきたものである。そして飾りは月々の楽しみを感じるように変えられたりしている。またカレンダーの美しい絵や写真などが、決して高価なものではないが額に切り取られ飾られることで、美的な感覚を与えている。またそれぞれの棚の脇に額に入れられた写真がある。何かと思って見ると、子どもが最終的にかたづけたときにきちんともとにしまっておけるためには、どこに何があればよいかがわかるようにという写真がかわいらしく置かれている。

　きちんとしまう心地良さ、だれでもが同じ場所にあって使いやすい心地良さをこの園ではこのように環境の中に埋め込むことで、楽しみつつ子どもがわかっていくのだと感じた。

　お子様用空間ではなく、子どもにとってと同時に、おそらく働く保育者にとってもお迎えや参観で見る保護者にとっても、だれもが見て居心地が良いと感じるであろう準備がなされている。実

際に近寄ってみると、高額のお金をかけたものはなく、先生方の手作りの棚や帽子掛け、イスからさまざまな遊び道具までいろいろ工夫されて作り、飾ったものであることがわかる。活動の成果や環境としての壁面掲示だけではなく、暮らしの場としての環境づくりである。この園では園内研修の一環として、いろいろなもの作りがなされるという。私はこのもの作りの時間を取ることが、先生方の園内、保育室内のものへの愛着を高めると同時に、あらためて心地良い空間や環境のためには次の工夫は何ができそうかという目を育てていくのではないかと感じた。

　だれもが心地良いためには、一定以上のものは不要である。そのために何をしまい、何を出すのか、子どもの動線から見てむだなところ、子どもの心理から見て子どもの身長から見て目隠しになる部分などの工夫はどの園でも限りなくでてくるはずである。

　幼稚園では夏季休暇、認定こども園や保育所でも登園児数が少なくなる時期にこそ、その空いた時間にもの作りに同僚と取り組んでみてはいかがだろうか。手をかけた空間では子どももその気持ちを受け止めるゆとりがでて、ホッとするのではないかと思う。

● ── Ⅱ-3
境の柔軟性

　学校はひとつの装置（ディスポジション）、ものと人と知の配置によるシステムであるとフランスの哲学者フーコーは『監獄の誕生──監視と処罰』（新潮社）の中で述べている。園においてもものや人、そして子どもの作品や活動の軌跡などがどのように配置されているのか、だれによって作り出されているのかは、それぞれ大きく異なる。あたりまえになっているこの配置を長期休みの間などに少し見直してみることで、新たな気持ちになってみることはよい機会かもしれない。

　先日いくつかの園で、配置を意識しながら見る機会を得た。ある園ではそれぞれのクラスの部屋がしっかり区切られ、その中のコーナーも比較的決まっている。またある園では可動式のついたてや段ボール、ブロックなどがさまざまな活動の区切りを作り出している。

　ベランダや廊下など、通行の場であると同時にとどまって活動できる場では、いろいろな出会いと交わりが起こりやすいが、そこにどのようなものが置かれるかによっても異なっている。

　ひとつのクラスが水遊びの活動をベランダで始める。すると隣のクラスの子も「入れて」と言っていっしょに遊び始める。それによって文化交流のように、いろいろな遊びも交わり始めた。また新聞をちぎって遊ぶ活動をひとつのクラスが始めた。すると通りかかった同年齢の別のクラスの子が、隣のクラスでは海みたいになっている、僕たちもそうしてみたいと言いながら活動がさらに展開していく。このようなところでは、活動のための最初の環境設定は保育者が行なったとしても、その後の展開での構成は

子どもと共に行なわれる。

　ものの配置としての環境は保育者が設定するものと意識されがちである。しかし子どももその配置を作り出すのに参加していくことによって、物理的な環境ではなく、心理的な活動への環境を作り出すことができる。

　栽培のプランターが置かれる。そこに子どもが、何を植えたかを表示することで、子どもなりの知が示されることになり、ただ置かれたプランターではなく、私のプランターになっていく。

　壁や棚でも子どもの活動の軌跡が見えることで、その場が僕たちの活動への誇りと次の意欲を生みだしていく装置となる。

　柔軟に相互に浸透し合い、また交流し合う場が設定され、子どもによって保育者の想像を超える、ものの利用や創造がなされる。それが、イギリスの教育社会学者バーンスティンが「見えない教育方法」(『教育伝達の社会学』明治図書出版)と呼んだ、配置なのではないだろうか。

●——Ⅱ-4
評価と質の向上との因果関係

　園の学校評価や自己評価など、"評価"の語が頻繁に行き交う時代である。それとセットになって「質」という言葉が語られる。

　ある研究会で「保育の質を高める評価とは」という講演を依頼されたので、「『評価をすれば質が高まる』という短絡的信念は捨てたほうがよい、それほど直線的な因果関係ではない」という私の思いを話させていただいた。

　元来、"質"と"評価"という言葉は、経営学や工学的発想から生まれた近代産業主義のテーラー（アメリカの技術者、工場の科学的管理法の創始者）型管理システムの理念である。ＰＤＣＡサイクルという言葉もよく使用される。行政のマニュアルでも使用されている。

　しかし、教育の行為は、計画に照らし合わせてチェックし、次にそのマイナス部分を変えればよくなるという単純な作業的行為ではないことのほうが多い。それですぐに変わるのは、表面的で些細なことである。

　この疑いの目を忘れてはならないのではないだろうか。だから、評価はしなくてよいということではまったくない。園における評価を形式的にこなすことと、専門家集団として自律的な相互評価を行なうことの境は、意識していないと、すぐに易きに流れるものになるのではないだろうか。

　園の学校評価は、ほどほどの塩梅（あんばい）がよいとお話しする。その背後にあるのは、保育者や保育者の行為は専門家としての不確実状況に対する複雑な判断によるからであり、それが塩梅なのである。計画をチェックする行為ではなく、子どもにとっての意味

と自分の行為との関係を常に問いつつ行なうものだからであり、そこに生じる感情に誠実に揺れ動くことこそが専門家としての変化の起点だからである。保育者を専門家としてどのようにとらえるかで、評価をとらえる見方も変わってくる。

　園で自己評価をすると、若い先生の方が自己を高く評価し、それに対して中堅や熟練の先生は厳しい評価をするという話はいろいろなところでうかがう。若い先生は、中堅以上の先生がなぜ自分に対する評価を厳しく、低くしているのかという課題意識を考えることが、学ぶ契機となる。そして中堅以上の先生は、自己を高く評価した若手の先生を「まだまだわかっていない」と言う前に、前と比べてどこに成長や変化を感じるかを聞いて、満足できてよかったと共に喜べることが大切である。そうすることで、自己評価は他者のよさを認め合う「相互評価」となり、保育の手ごたえを共に感じるきっかけとなるのである。

●──Ⅱ-5
いつもとは違う視点、シンプルなツールで

　日本学術会議から出された『日本の展望──学術からの提言2010』の中で、教育学分野からの提言内容のひとつに、評価に関するものがある。その主張は「評価疲れ現象」への警鐘を鳴らし、学校教育評価が3つの主体により構成されるべきというところにある。3つとは、専門家集団の自律性を基礎とするピア評価、行政による官僚的評価、教育サービスの受益者である子どもと保護者と市民によるレイマン・コントロール評価であることを示している。そして今日の問題は、行政から求められる評価と、子どもや保護者や市民によるレイマン評価という2つの異なる論理で評価が遂行され、専門家の自律性による評価が有効に機能していない点にあると指摘している。また、三機能がトライアングルとして機能することで有効になると述べている。保育も同様だろう。

　私は評価の原則として、日々の振り返りと共に、日ごろの保育をしているときとは「違う時間単位でとらえてみること」（長いスパンや特定の場面だけを細かく見てみること）、「違う内容の視点でも見ること」（日ごろ自覚化していない内容を意識化してみること）、「違う細かさや広がりからも見ること」（施設全体の広がりの中で子どもの動線を見てみたり、例えば廃材ひとつでもどの年齢ではどのような提示がよいかなど、意図的に細かくものを見てみること）が保育者の視点の転換をもたらし、評価を有効に働かせるのではないかと考えている。

　そのためにアンケートやビデオ記録、チェックリストなどなどさまざまな道具立てが使われている。道具はさまざまでよいが、

使用の原則は、できるだけ道具をシンプルにすることである。すると先生方の思考は複雑になる。道具が複雑だと思考が単純になりやすいとお話している。思考を複雑にすることによって、組織として自分たちのよさとビジョンを具体的に語り合い作り出せる評価であってほしいと願っている。

　「保護者からの否定的な情報は保育者にどのように返したらよいでしょうか」と園長先生から質問をいただいたことがある。まず記名式にして相互に責任を持ち、先生たちの元気が出そうな質問内容を尋ねているかの吟味が大事だと思う。評価は無責任な批判ではなく、相互に責任を引き受け合うことで信頼を強め互恵的に具体的な実践の理解が深まるためのものであってほしい。

●——Ⅱ-6
園文化を見る窓

　自己評価が幼稚園で義務付けられ、保育所でも努力義務となった。だが数年前の報告では、自己評価の実施は私立幼稚園で約半数、結果公表は約４分の１という割合で低調である。実際の公表のあり方を調べるために、知り合いの先生方の園のＨＰをアクセスしてみると、いろいろなことが見えてきておもしろかった。

　「本年度重点的に取り組むこと」を見ると、これからの方向性を知ることができ参考になる。この箇所にその園の特徴がよく表れている。例えば理念や思いを詳しく書いている園もあれば、ポイントを１、２個書くにとどまる園もある。課題は特別支援教育や、保護者が幼児教育への理解を深めることとなっている園が多い。

　ほぼ同じ規模で熱心な、２つの私立幼稚園の園長先生に自己評価に関する聞き取りをさせていただいた。それが対照的であったのが印象深かった。

　Ａ園はベテラン保育者が多い園である。形式に走らず、実のあるものになるように、自己評価はほどほどがよいのだと語られ、１年単位というより２〜３年単位で改善の方向に向かっていくのが、無理が無くてよいと語ってくださった。この園では毎年行なう活動を、同じ方法ではしないで、素材や方法を変えてみる工夫を園の原則としている。その原則により実践の改善はなされていくので、だいじょうぶだと言われていた。

　一方のＢ園は、若手の保育者が多い園である。個人総括、行事総括、学級全体の総括を学期ごとに２日間かけて、各クラス教諭が職員会議で報告し、３学期には総括会議を行なっている。

システムとしての形式を確立していくよう、こまめに評価を行なっていくことが保育者の成長のためには大切だと言われていた。ＨＰ等で評価結果の開示はしないが、年度末の園便りやクラス便り、保護者懇談会で内容を報告しているから十分だと語られていた。

　各園の自己評価には園の諸事情と共に、園長が保育者にどのように育ってほしいのかという思いや、どのような対話を保護者としたいのかが表れている。園文化を見るひとつの窓である。そしてそれはまた、子どもをどれほど、どのように大事にしているのかが見えてくる。このことを踏まえてまずは園の自己評価を行なってみること、そしてさまざまな公表に取り組んでみてはどうだろうか。

●——Ⅱ-7
記録したくなる園内研修のために

1 出来事の記録という行為

　記録は、日々の保育の中では時間の流れの中で流れていく出来事を心にとどめ、保育を目に見える形にして詳細を共有できるようにとどめる行為である。この意味で本稿では記録を、文字や図や絵、静止画、動画映像等多様の媒体による記録を含め考えてみたい。保育実践の詳細をあらためて振り返ることで、その子の育ちや子ども同士のつながり、その子どもと事物や出来事のつながりなどの、種々のつながりやその変節を重層的に発見していくこと、それを通してその子の姿、私の保育や私たちの保育の姿を実存的に鏡に映すように発見していくことができることが記録の意味だろう。つまり、記録は私たちの行為を見つめ直す保育（教育）学の理念に裏付けられた認識論的手だてであり、そこから課題と背後にある可能性を示唆してくれるものである（Tochien,2007）。指導計画段階では思いもよらなかった意外な出来事とその時点での心情が語られることで、保育者同士がリアリティを持ち即興的判断と心情の揺れ動きをいっしょに考えていくことができる。だから同僚も代理経験ができ出来事を共有できる。どの時間の長さの事がらを出来事として対象にとらえ、どこに焦点を当てて記録し、どのようにその記録を使うかには、園の歴史的な文化、そのときの保育者たちの保育観、記録を取る目的への価値づけが表れる。保育事実の収録と保育記録の違いは、収録は羅列的に列挙したものであるのに対し、記録には編集機能、「……についての」という記録者の意図による焦点化が入るところにある。

しかし記録しなければならない、記録は反省のためのものという負担感が強くなると、何をとらえるのか、どのようにとらえるのかのしがらみから、記録するおもしろさや意味がつぶされる。「こう書かねばならない」という気持ちではなく、シャッターチャンスをまず心にとどめ、そこから記録にしていくこと、そこでの現実と可能性の発見の楽しみを大事にしていくことが研修でも求められるだろう。

2　保育記録観の問い直し：「実践・課題・手だて」の共同表象と語り合い

　初任者の日誌を共同研究をしている園長先生と分析し、学会で報告したことがある。初任者の日誌記録や省察なので数行しか文は書かれていない。その記録群を紹介報告したときに、ベテラン保育者の記録を見慣れておられる方から「こんな薄っぺらな記録で研究しているのか」とご意見をいただいたことがある。この指摘のおかげで私自身の位置取りに気づいた経験がある。初任保育者が気になって書きとめた数行を学期中の記録がどこでどのように書かれたかという保育者と子どもの関係性の流れでつぶさに見ると、直感に基づき子どもや保育に課題があるときにはそれなりに文が長く、また順調なときには簡潔にとらえられているという意味で理にかなっていることの発見であった。ベテランの記録をモデルにし若手もそのような保育の物語を見つけ書くべきという「物語」という形態と用語による個人完結の見事な記録をモデルとして目ざすのではなく、無理なくその人らしく、まず心に書きとめた断片の言葉からその状況を引き出しつつ共

Ⅱ-7 記録したくなる園内研修のために

同想起を通して語り発見し、記録がしだいに厚くなっていく形成過程を共に楽しむ園内研修という私のスタンスの発見であった。記録について園や研究者がどのような保育記録観を共有し、記録が園内でどのように機能することを期待しているかで記録の楽しみは違ってくる。もちろんそこにキャリアや記録の目的が影響しているのはいうまでもない。

したがって保育記録観の再吟味が研修のためには必要だろう。個別に完全に編集した記録を作成し、それを読み合いながら課題を相互に語り合い次の保育者の代案やかかわり方を考えていくという研修での記録使用の発想と、できるだけ複雑な現実をそのままにともかくその人なりに書きとめた、心に留めたことを出してみてもらうことでそこからさまざまなつながりや見方を協働を通して発見し解釈することから、子どもの声や実践を丁寧に見られるようにしていくという発想があるだろう。

二項に成立するのは妥当とはいえないが少し整理してみたい。まず第1に、記録する過程についてである。「いろいろ情報を集めて詳しく書くのが大事」という記録観がある。情報量、記述量を問う記録観である。それに対して、短い記録でも、「出来事を述べるだけではなく、それを解釈することが大事」という記録を解釈の質の深さで考える記録観がある。正確な写実が必要である。しかし解釈が省察につながる。事例そのものではなくその解釈するおもしろさの共有が、次の記録を動機づけていくということができるだろう。

また「子どもの発話をもれなく書き取るのが大事」という記録観がある。見聞きするものは落とさないで書く記録方法である。

しかし保育者の専門性は子どもたちの心の中を察する推理が動きを支える。したがって、見聞きできるものではこぼれ落ちる間や沈黙を文脈との関連からとらえ、言葉にならない行為の中に潜む内奥の言葉を理解するのが大事であるともいえるだろう。ある園の記録で、クラスにふたりいたはずの保育者のうちひとりの先生と子どもの姿しかない。その記録を読み解くと同時に、どうしてもうひとりの先生が記録に現れないかを察すると、その先生が困難を抱える子のフォローに回ったことでこのクラスの活動がなりたってくるダイナミズムが見えることもある。

また「物語の形式で書くのが大事」という記録の形式観がある。しかし子どもも保育者も育つ場である園は、ネバーエンディングストーリーである。記録する時点で物語なのか、解釈の過程で物語がとらえられるのか、これによって記録観は異なってくる。

また記録の媒体としても「ビデオ記録がもっとも詳しくて正確」「文字記録でなければ実践記録とはいえない」といったあるメディアこそが重要という記録観がある。だが一方でいろいろなメディアを試し、園にとって時々必要な媒体を使う、メディアが変われば見方も変わるという考え方がある。写真に言葉を付けていくことは時に楽しみを広げるし、ビデオ記録は詳細を見ることができる。一方、文字記録だからこそ、どの言葉を取捨選択して記述するかにその状況をとらえる目をとらえることもできる。そして記録する場面もある特別の出来事を記録しておく、気になることを記す、日ごろ気にかけていなかったことをとらえて記録するなどさまざまである。反省材料、困ったことを描くだけではなく、日常の豊かさをとらえることが実践をみる楽しみを与えてく

Ⅱ-7 記録したくなる園内研修のために

れる。

　次に記録の解釈や使用目的、使用法を考えてみよう。「子ども理解」のための記録という言葉が使われる。また「次の保育、子どもの発達を促す手だてのための記録」という考え方もある。次の計画に生かすための理解改善という発想である。しかし記録によって可能となるのは、ありのままを受け入れ、子どもの育ちの複雑さ、保育の複雑さ、難しさをみることではないだろうか（秋田 , 2004）。

　記録を使用した研修等での会話を見ると、「実践の表象」「課題（問題）の表象」「代案（関わり方）の表象」の過程がある。課題や代案が多く語られる研修よりも、子どもや実践の事実の重層性の発見が丁寧になされる、実践の表象が厚く語られる研修がおもしろいと私などには感じられるのである。明日の保育に直結する手だては必要であるが、それが同僚との対話を通して導き出されていく過程こそが大事という記録の検討解釈観があるだろう。課題や代案の表象へと急ぐと、見えることから語ることが多くなる。しかし保育では、子ども同士のつながり、子どもと保育者、子どもと実物の間の見えない重層的なつながりを見いだし語り合っていくことから、子どもの可能性を見いだしていくことが多い。

　記録を用いた研修は、個々の保育者の振り返りのために保育者ひとりひとりが責任を持って記録し省察し発表報告することが有効という保育観もあれば、同僚や保護者と共に補い合い埋め合わせる対話を探索的にしながら自園の物語や歴史を作るという保育観がある。後者の方が無理なく楽しみながらそれぞれ

がいろいろなことを発見できる持続可能性（sustainability）を持っている。記録法に関する先達の記録の智恵を取り入れつつも、完璧なものや形式にこだわらず1枚のデジカメ写真と数行の言葉からでも皆で作っていく楽しみと手ごたえこそが記録したくなっていく研修につながるのではないだろうか。

＜引用文献＞
秋田喜代美（2004）「教育の場における記録（インスクリプション）への問い：その展開と現在の課題」藤田英典他（編）『教育学年報10巻　教育学の最前線』世織書房　pp439-455.
Tochien,F. (2007) From video cases to video pedagogy: A framework for video feedback and reflection in pedagogical research praxis. In Goldman, R. et als. (Eds.) Video research in the learning sciences. Mahwah,NJ:LEA.P53-65.

●——Ⅱ-8
効果的な組織運営と園長の役割

　園の自己評価として、保育者個人の自己評価と同時に組織としての園の自己評価も求められるようになってきている。保育者個人の資質や力量形成だけではなく、園としてどのようにその組織が有効に機能しているかが問われているのである。このような効果的組織運営に関する問題意識は、日本だけではなく、英米等ではかなり早くから縦断的に研究に取り組まれてきている。

　イギリスでは高い質の園の特徴として、以下の10の特徴を事例研究を通して挙げている（Blatchford & Manni, 2007）。

1　園全体としてのビジョンを明確にしとらえ表現できている
2　職員間で理解、意味、目標（課題）を共有できている
3　職員間の効果的なコミュニケーションの工夫ができている
4　保育者の省察を推奨している
5　実践をモニタリングし評価し合える
6　専門的な資質向上に関与できる
7　リーダーシップが分かち持たれている
8　学び合う風土や文化ができている
9　保護者や地域とのパートナーシップが取れている
10　リードと調和のバランスが取れている

　これらは、いまさら指摘するまでもなく、日本の園にも当てはまるように思う。園の教育目標は言葉では掲げられていたとしても、それが具体的な保育の姿としてビジョンがとらえられ、それを表現するような象徴的な活動や写真等が準備されているだろうか。職員間で理解や課題を共有できるための場がどのように

準備されているだろうか。また効果的なコミュニケーションは必ずしも効率だけを追い求めるものではない。保育を語る言葉を職員が持ち合わせそれを使用して深める会話ができるかどうかである。また省察は反省とは異なる。相互によいところを認めてさらによいところを伸ばすようにしていくことも省察の一部であり、そのような省察を奨励できるのか、反省だけを求めているのかも問われるところである。そしてリーダーシップを分かち持つとは園長だけがリードするのではなく、それぞれの人の専門性や得意分野を認めて、そのリーダーシップを生かせる組織になっているかということが問われているのである。園長はこの意味でリーダーであると同時に、サポーターであり、園の教師文化や職場の雰囲気を形成する役目を担っている。ぬるま湯的になれ合いでは、相互には心地良くても保育の質の向上を導くことはできず、しかし質の向上のための遂行だけを個人に追い求めていくと、組織が個人の競争的雰囲気を生み出すという危険性を秘めている。

　そのために、リードと調和のバランスが必要であり、相互のよさを認めるのは、実は園長だけではなく、職員同士、保護者や地域の人でもあったりする。組織の規模によってもこの役割は変化していく。「いばる園長　しばる園長　こわばる園長　がんばる園長　へたばる園長」という「ばる」園長ではなく、「遊べる園長　学べる園長　選べる園長　楽しめる園長　誇れる園長」という「べる」園長がこれからの組織には求められているのではないだろうか。

―――

＜引用文献＞
Iram Siraj-Blatchford,Laura Manni 2007 Effective Leadership in the Early Years Sector:The ELEYS study London:Inst of Education

第Ⅲ章 保育者の専門性とは

●——Ⅲ-1
ビジュアルメディア活用のすすめ

　「メイキング研修」と題して、日々の保育を豊かにしていくための研修を進めるアイディアを、皆で事例を通して考えるという内容の会に参加させていただいた。研修についてはそれぞれの園がいろいろな工夫をしておられる。研修に熱心な園もあれば、機能していない園もある。保育者自身の実践の探究（リサーチ）に必ずしもつながっていない研修も時には見受けられる。

　私たちはいろいろな園にうかがうことで各園の方法から学ばせてもらったり、先輩の研究者たちがどのように外部アドバイザーとして参加し、研修をいっしょに作っていくのかを見せてもらいながら、そのレパートリーを学んできている。

　研修メイキングのプロセスでは、① だれが、どのような視点から、どのような長さの実践や子どもの育ちの事例を報告するのかという記録の提示、② 1回の研修の中では、いくつくらいの事例を取り上げているのかという選択、③ それを実際にどのように見て語り合うのか、④ その場で語り合ったことをどのように記録し共有するのか、⑤ 語り合った内容を次の実践にどう生かすのか——、といういくつかのステップでのポイントがあるように思っている。そしてその各ポイントを振り返ってみることで、学び合う組織の活性化につなげられるのではないかと考えている。

　今回は視覚化、映像化に焦点を置いた議論がなされた。私自身は保育者の実践的な知識は身体知である面も多くあるので、それらの共有や、子どもとの、子どもと子どもや、子どもと保育者の関係を丁寧にとらえていく際に、ビジュアルなメディアは重要な意味を持つと考えている。

そして写真や映像を使用することで、ビジュアル世代の若い保育者が参加しやすくなることや、保護者との子どもの情報の共有化と研修をつなげることができる点でも、研修のメディアとして、ビジュアル機器活用の智恵をもっと持ち寄っていくとよいのではないかと思っている。

　その会合で30代初めの先生が「僕たちの世代は褒められて育った世代なので褒められないと動けない世代であり、文字より映像世代である」と言われたのが印象的であった。先達の知恵や園文化を伝承しつつも、これからの世代の研修におけるメディアや語りのあり方を自覚的に考えてみることが大事ではないかと考えさせられた言葉だった。皆さんの園ではどのようになされているだろうか。

●──Ⅲ-2
社会性重視文化の中での環境と課題

　保育のようすをビデオ撮影してもらい、それをもとにいっしょに考えていくという園内研修を、いろいろな園でさせていただいている。撮影方法は園によっていろいろである。撮影は園のどなたかにお任せして、時には撮る時間やアングルを変えてみたり、撮る側・撮られる側の心理を経験してみていただくことは、保育をする側から、とらえる側になる経験となる。

　私は子どもの姿や、そこに見えてくるつながりを読み取ることが大事だと思っているので、保育者がそこに映るように撮影することはお願いしないし、問題にしないことが多い。それでも、さまざまな観点や長さのビデオがある。

　振り返りの過程では、若い先生方の話から、園を越えた共通項を感じる。撮影された保育者は、自分のかかわり、ことばがけ、働きかけを責めて反省することが多くなるということである。

　それが撮影の目的になるとやりたくない研修になりやすい。むしろ同僚との語りの中で、その場の子どもの心情を再度考えていくことに、ビデオを介した語りのおもしろさは出てくる。そしてその子と仲間とのかかわり、保育者とのかかわりが語られることが多い。

　それに比べ子どもが行なっている活動の中にある物の数や位置、その活動の意味や、子どもにとって創意工夫が生まれるものになっているのかどうかを吟味して語っていくことは、日常場面を撮影したビデオでは、意図的に促さないかぎり、比較的少ない。

　もちろん読者の中には、「保育内容を園でしっかり考えているので、そのようなことはない」というご批判も時には、あるだろ

う。だが、日常場面であると課題の質よりは、課題の中で生まれた人間相互のやりとりのほうに、目が向くのが普通のようである。

これは日本の保育が仲間関係、社会性を第一に重視していると海外の研究者からいわれている部分と重なるように思う。私はそのことが悪いことだとはまったく思っていない。しかし、人とのかかわりだけではなく、かかわりの中での活動の質、子どもの経験が時間とともにどのように変化しているのか、間接的なかかわりである事物や環境を問い直すことも、子どもの主体性を高めていくためには必要である。

反省の文化ではなく、活動の構造を見ていく見識が必要なことは自明である。そのことの問い返しとして、保育者の新たな語りが作り出されるように思う。時にはひとつの場所やひとつの活動を見つめて語り合ってみてはどうだろうか。

●──Ⅲ-3
保育者の魅力ある動きこそ教育

　ある園の3歳児クラスでひとりの男の子が絵を描いている。特に夢中になっているというのでもなさそうである。担任の保育者は、この子にはもうそろそろこのお絵描きを卒業して、友達と共に遊んだり、より発展的な別の活動に移ったりしてもよいころなのではないかと思っていた。

　そこで、その日の朝は、画用紙を手の届かない少し上の場所に移しておいたのである。しかし男の子は登園してくると、その紙を目ざとく見つけて台を使って降ろし、絵を描いていたとのことであった。

　この子のようすを数分間だけ映したビデオがあったので、園内研修の中で見て話し合う機会があった。新任の担当保育者は、子どもが自発的に始めた好きなことを十分にやらせてあげたいと思ってやってこられたし、それを大事にしたいという思いと、でももう3月にかかる時期だから次のステップに自分から踏み出して欲しいという思いの間で揺れておられた。

　この状況をベテランの保育者たちもいっしょにビデオで見た後、ふたりのベテラン保育者が言った言葉が私には興味深かった。「4、5月の時期だったらこうしたこともいいのだけれど、この時期だしこの子だったら、私が担任なら意図的にやめさせるのではないかな。もっと魅力的な遊びを脇で行なって誘い込んでいくように引っ張るのではないかな」「先生自身がもっと楽しい遊びをほかの子どもたちと共に示していけば、この子だって動くはずなのに、それがないからなんとなくやっているんじゃないのかな」と語られた。

その子の活動が単調であることや年度末の時期であり、その子自身の次の活動が見つかっていないことを課題ととらえておられる。そしてその壁を越えるのには保育者の魅力ある動きが大事であり、それによってある意味で引っ張っていくのがよいのではないかと主張しておられた。

　この言葉だけを聞くと保育者がかなり強引な保育をしておられるように聞こえるかもしれないが、このベテランふたりの、クラスでの動きはだれが見てもそうは見えない。しかし魅力ある動きや遊びを作り出すことこそが環境に教育の意図を埋め込むことであり、それは子どもの主体性や好きなことという言葉にとらわれず、子どもの育ちに応じたかかわりになるといっているのである。

　自発性、主体性が放任になるか、その子の発達をより伸ばすものになるのか、子どもの現状と発達から見極め、添いつつ動けるのが、保育者の力量なのではないだろうか。

● ── Ⅲ-4
心の声での保育

　先生の声が大きくて饒舌のまま流れていくと、子どもは落ち着かなくなる。そうしたときには、大体あれこれ指示する言葉が増え、せわしなくせかしている感じのときが多いように思う。すると、そのリズムについていけなくなる子どもも出てきて、子どもの側もそわそわした感じになる。

　こうしたときに、活動の流れやどこに向かっているのかがわからない子どもたちの間でいろいろなトラブルも起こりやすくなる。トラブルが起こるだろうなと、どこかで予想されることもあり、やっぱりだと思ったりしながら見せてもらうことがある。

　そのようなときはゆったりと自分でものを考えることがなくなっている。子どもは遊びの中で、暮らしの中で、子どもなりに間を持って考えることをどのような場合にも求めている。

　反対に、保育中にそっとひそやかに話すことが、子どもにいろいろなことを考える機会を与えるのではないかと思う出来事にも多く出会ってきた。保育者の声がもともと小さいか大きいかではなく、めりはりやトーンの問題であり、保育者側が集中を求めてささやく小声こそが、逆説的であるが子どもには魅力的なのである。これは室内外いずれの場所でもである。

　ある園での昼食前。皆が集まって少し落ち着くまでに、先生が「10まで心の中でそっと数えるよ、いいね」と話しかけた。とたんに子どもたちはニコニコしながら、心の中でといっても、小さくつぶやきながらそれぞれに数えている。そしてそっと落ち着いてから「いただきます」とささやいて静かな食事となった。これが「皆で言いますよ、さん、はい」「せーの」となったとたんに、

子どもの声は惰性的になったりハイになったりする。

　またある園では、先生がかぜで声が出なくなったからと言いながら保育をされた。それでも子どもたちは十分に保育者の言葉を聴こうとして口元を見て、状況を判断しながら、先生を案じ思いやって動いていた。

　小さな子どもに向かって、大人が高いトーンで子どもっぽい声で話すことを育児語と呼ぶ。乳児のときにはそれが大切である。しかし幼児に向かって、プロの保育者はそのようなトーンにはしないだろう。子どもの心情をくみ取って語りかけたり、時にはたしなめたりするときに、大きな声では、子どもの小さな胸をつぶしてしまうのを知っているから、そっと話すのである。言うことをきかない子どもっぽい存在と扱えば声も大きくなる。一方、尊厳ある存在として扱えば、一斉のときにも傍らに居るときにもその心が声に表れるはずである。

● ── Ⅲ-5
「泣き」に見る保育者の専門性

　「子育てをしたことがある人なら保育もできる」と、保育の専門家ではない方の中には、家庭の母親や父親の延長のように、保育の仕事を短絡的にとらえた発言をする人がおられる。そのような発言に触れると、保育者の専門的洞察の深さに触れてほしいと感じる。

　例えば、幼児の泣きに対するとらえ方を見ると、保護者と保育者の専門性の違い、保育者と小学校以上の教諭との専門性の違いがはっきり見えてくる。私自身が親として２人の娘を子育てしているときには、子どもが泣けば、できるだけ早く泣きやんでほしいと慰めるか、訳を聞きながら諭すか、長泣きすれば「もういいかげんにしなさい」などと言ってほうっておくかというパターンだったように思う。その前にその子の心情や育ちを十分に考えるというよりは、泣きの場合はとっさの対応をしていた。

　先日、ある研究会で入園間もない幼児が泣いている場面のＤＶＤを保育の研究仲間と見て、語り合う機会があった。短時間の中で子どもの泣き方が変化していれば、その変化がなぜ起きたのかを推測したり、また泣く子のまなざしや身体の動きを読み取ることで、子どもがだれに向けて泣いているのかをとらえたりするなどの語りが豊かに出てきた。

　ある保育者は、妹が生まれたばかりの年長の幼児の例を挙げた。家ではお姉ちゃんとして、園では年少の子もいるからいい子でいようとしてがんばっていたのだが、あるときから自分の意志を出して泣けるようになったという。このことは、我慢せず安心して自分を出せるようになってきたことの兆しではないかと、そ

の子の集団の中での居方との関係を語られた。

　また、ある保育士は、子どもが自分の落ち着く場所で思いっ切り泣きたくて泣いているならそっとしておくが、身の置き所が無く、自己の場がなくて不安で泣いているときには、スキンシップを含めた保育者の対応が必要なのではないかとし、子どもが泣いているという状況と、その子がどこで泣いているのかという心理的な場との関係が語られた。1日の初めか、お帰り近くかでも対応は変わるという保育者もいた。

　泣くことは不快感情の表出だから生理的には解消したほうがよいと大人は考える。しかし専門家はそこに子どもの自己の育ち、他者との関係、居場所の発達を見通しつつ、実践的推理と判断で見守ったり、かかわったりしている。保育という長期の集団生活の場だからこその見識なのである。

　これは養成校テキストではなく職場で学び取られていく。子どもの心の機微の読み取りによって、距離の取り方を判断できるところに、保育者の心もちは見られることを多くの人に知ってほしい。

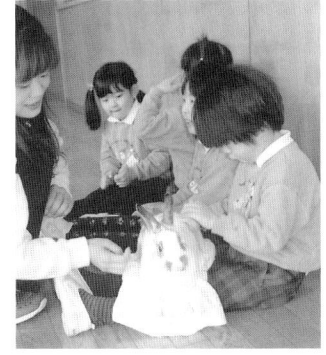

●──Ⅲ-6
保育における丁寧さとは

　ある園の研究会の打ち上げに参加させていただいた。そのときに、発言した本人の私はすでに自覚なく忘れていたにもかかわらず、その園の園長先生が以前私が発言した言葉についてこう語られた。研修に初めて私がその園にうかがったときに私は「どうぞ丁寧な保育や丁寧な仕事をしてほしい。それがそのまま保育の実践研究の質につながる」と言ったらしい。そしてそれを聞いた先生方は「実はその丁寧さこそが日々の保育の中では、もっとも難しいことなのです。だからどうしようと思ったのです。でも研究のための研究ではなく、その思いでやってよかったと思う」と正直にその当時を振り返って話してくださった。その園の保育環境を訪れた人が心ある目で見れば、たとえ掲示ひとつを見てもそこに子どもと共に秋の木の葉や枝やドングリを拾い、それによって立体的壁面掲示を行ない皆で自分たちの保育室の環境をつくっていったことがわかる。また「どんな音がするか聞いてみよう」と先生がひと言声をかければ「海の音みたい」「ざらざら」「しゃらしゃら」「じゃらじゃら」など、実りの秋の稲こきの音をそれぞれの子どもが自分の表現で語り出している。これは日々子どもたちに聴く、聞き分けること、言葉の感覚や表現の差異を感じ分ける指導が行き届いているからできることである。

　このエピソードを機に、保育における丁寧さとは何だろうかとあらためて考えてみた。それは子どもに対して直接多くの情報を与えていくことの多さ、面倒見のよさという意味での保護の丁寧さを意味するのではない。また保育者側でなんでもこまめに作って置いてあるという意味でもない。

第1には、保育者が保育空間、保育活動を子どもと共に作り出していくときに、子どもがそこに深く関与できるように、保育者側が見通しを持って環境の中に子どもの関与が保障される時間、空間や物を用意してあとは子どものペースを信頼してゆだねられることであり、そしてそこでの子どもの見守りや応答としての丁寧さであるように思う。

　そして第2には、大江健三郎さんが専門家としての作家の仕事は言葉を磨く（洗練させる　elaborate）ことというように、保育者においては毎年、毎日繰り返される仕事において、常に何か新たな点を入れたり見いだしたりしていくことが、行為における慎重さや精緻さを生み出していくように思われる。私の知っている園で、園長先生が先生方に例年同じ活動を行なうときに必ず異なる材料を使うことをルールにしているという話をうかがったことがある。それは効率からいえば悪いことであるが、それによって先生の実践的知識は広がり、今回はどうだろうかという新たなワクワク感と活動過程のプロセスへの注意を向けさせることになる。

　そして第3には、やりっぱなしではなく、省察をおざなりにすることなく、同僚との専門的な仕事に対する対話を引き受けるという保育実践サイクルにおける手抜かりのなさである。実践以外の部分はある意味で水面下の部分である。しかしその深さが表面に見える行為の裏づけとなる。保育のためには、新たな出会いへの志と共に、それを具現化する丁寧さが必要だと思う。それは、市場原理とは異なる保育の方向性を志向する私の願いかもしれない。

●── Ⅲ-7
感情的実践としての保育の仕事

　保育の仕事をどのような形で語ることができるだろうか。技術的実践、知的実践、経験的実践、倫理的実践、政治的実践、文化的実践などさまざまな表現をすることができるだろう(Hargreaves & Stone-Johnson, 2009)。どこに焦点を当てるかで、何を語るかも変わってくる。技術的な実践として語られることが多かった時代には、のりとハサミの指導がうまくできる、ピアノが弾けるなどが語られた。また知的実践としての即興的判断や省察ということがいわれるようにもなってきた。また文化的実践としては園や国によっての違いやその伝承のあり方が語られるようになるだろう。このごろ、私が共同研究のひとつで行なっているプロジェクトにおいて、感情的な実践としての保育ということを考えてみることはできないかと思い、分析を進めている。保育者は子どもと、保護者と、同僚との間にさまざまな感情を経験している。そしてまた他者としての子どもや同僚の感情をいかに認識したり、自分からどのような感情を表出したりするかは、他者との信頼の絆(きずな)を初めて作り出していく園という場ではとても大切なことであるはずである。感情的実践としての教育行為は英米の教師教育研究ではこの数年のホットトピックだが、日本の保育研究ではほとんど取り上げられていない。

　そこで同じ保育場面でも園内研修でどのように感情を推測したり、自分の思いや感情を語ったりするのに園による差異が出てくるのかを検討してみた。これが私にとってはとても興味深い結果となっている。というのは、カンファレンス慣れしている研究熱心な園ほど、分析的にとらえて語れるが、自分の感情は出さず、

子どもには共感してもほかの保育者に対しては共感的ではなく批判的である。それに対してむしろ若手の先生たちが多くあまり研修慣れしていないほうが保育者に共感的なまなざしを持って、自分の感情を語りやすく、自分の実践に引き付けて実践化がしやすいであろう語りが出てくることである。

　園内研修等では一般的に事例を物語ることの大切さが語られてきた。しかし知的にいくら語れても、批判的に語っている限り、他人事であり、その人の保育は変わることはないだろう。明日の保育につながるためには、感情の揺れ動きもまた必要であり、共感が保育事例の検討から次への具体的行為を生み出していくのではないかと思われるからである。

　保育においては知的判断と同様に、あるいはそれ以上に、親身になって相手と共に喜んだり悲しんだりという同じ地平に居られることが、子どもとのつながり、同僚とのつながりの一体感を作り出すのではないだろうか。そのためには、自己開示できること、すなわち本音で腹の底を割って語り合えることが知的で専門的な言葉等を用いた会話以上に重要に感じる。うまく回っている園内研修では、笑いも出れば、時にはつらいことを語り出して言葉に詰まり涙が出てくることもある。だからこそ、そこに本気さが出てくるのではないだろうか。保育の仕事はこの意味で知的専門性だけではなく、感情的実践としてどのように私たちがとらえ語れるのかが問われているのではないかと思う。

<引用文献>
Hargreaves, A. & Stone-Johnson, C. 2009 Evidence-informed change and the practice of teaching, In, Bransford, J.D. et al.(Eds.)　The role of research in educational improvement.pp.89-110.Cambridge,MA.;Harvard Education Press.

●──Ⅲ-8

保育研究における新しさ

　私は原則として講演はしないで、同じ時間なら保育の場に足を運ぶことを選ぶことにしている。それでも立場上講演を引き受けさせていただく際には、ワンパターンにならないために、依頼先から頂戴(ちょうだい)する題に合わせて話をすることをモットーにしている。夏季研修をいろいろ担当させていただくと、そこで依頼される講演タイトルから先生方のその年のその地域や集まる方々の興味・関心がどこにあるのかが伝わってくる。ある研究会で「子どもをとらえる新しい視点」というタイトルを頂戴したので、そのときに、保育者や保育研究者が行なう保育研究における新しさとは何かについて、あらためて考えてみた。

　手元にあった大辞林（三省堂）という辞書で「新しい」を引くと、4つの意味がでてきた。「1　今までにない、初めて、2　これまでのものとは違っている、やり方をあらためる、3　できたばかり、4　なまものがとれたばかりで生き生きしている」の4点である。保育の営みでは、今までにない保育ということは、さまざまな子どもから出てくる発想や新たな素材を取り上げていかしていく中に見られる。したがって、その実践から研究の着想を得たり学ぶことができたりすればよいのだが、保育研究は日常生活の保育の営みを対象にしているから、この意味での新しさはあまりないといえるだろう。また「できたばかり」という新し物好きで、海外等で出されたアイディアや理論等ならばよいだろうと考えられる方も中にはいる。新奇性への興味である。私は研究を専門としており保育実践はしていないから、さまざまな動向にアンテナは張っている。それが保育研究者の責任のひとつだと思って

いる。イタリアのレッジョエミリアの実践やベルギーのSICSを紹介させてもらったときにも、この手の新しさに関心を持って聞いてくださる方がおられたし、私を目新しさを好む人間だとときに誤解される方もいる。しかし保育研究での新しさは、これまでのやり方をあらためてずらしてみることで事象の意味が新たに発見できる点と、なまものとはいえないが、実践が「生き生きしている」研究という点が大事であると思う。

　複雑な道具や記録方法を使って実践をとらえ分析していくと、保育の実態としての複雑性や生き生き感は薄れていき、レントゲン写真を見ても私たちは肉体を感じられないのと同じ状態になる。自己評価のチェックリストやさまざまな点検、観察手法でも同様である。マニュアルがりっぱになり手順が複雑になるほどに、実践の生き生き感はなくなり、実践に対しては単純な判断に基づく省察しかできなくなる。スコアリングなどはこれに当てはまる。

　これに対して、記録や分析の道具がシンプルであるほど、実践の複雑さは保持されるので、判断や省察は複雑な内容を交流することができる。だから保育実践の研究は、質的にエピソードをとらえた丸ごと感覚を生かしていきながら、違う視座や概念、言葉を使って実践を見てみることで、真の意味の新しい研究が保育者にとっても保育研究者にとってもできるのではないかと思うのである。園で研究を行なうときにも、映像や具体的なリアルな言葉をできるだけ記録して研究をしようと提案をしている。それが同僚、保護者、子どもとの対話を通して相互に知恵を持ち寄ることを可能にし、新たな知見を得られる研究になると思うからである。

●——Ⅲ-9

保育者の感性と判断を磨く

1 保育の質向上ための両改定

　新しい保育所保育指針と幼稚園教育要領が、2009(平成21)年度より実施されている。その大きなポイントのひとつは、指針が告示となって、法の規制を受けるようになったことであり、そのために大綱化したことである。国際的に見ると保育政策として、入園等の仕組みや保育者と子どもの比率などの構造的な保育制度の枠組み部分、保育内容のガイドラインや保育・教育課程の実施計画部分、園の実施評価部分等のうち何をどこまで大綱化して地域や園にゆだね、どの部分を国が法で規制し公的資金を重点的に投資するのかが、その国の保育の向かう方向への舵取りを示しているといえる。この意味では、幼稚園教育要領も保育所保育指針も告示化され、また幼稚園の学校評価も2008(平成20)年4月より求められ、よりよい保育への質向上を目ざすために共に同じ方向を示すことになってきているということができる。また認定こども園制度設置等もそこにかかわっているといえるだろう。

　保育所保育指針では改定によって、発達の過程は従来どおり8過程区分での大きな発達の流れとその特徴は述べられているが、細かな記述表現は削除された。大綱化は各園の実態、子どもたちの実態に合わせながら園の創意工夫を求めるものといえる。粗い保育をよしとする方向に決して向かっているのではなく、発達の過程を見取り発達の連続性を見通してそれぞれの子どもに応じたきめこまやかな保育がさらに求められるようになっているといえる。そのために、養護と教育の一体化とは何を示すかが

明確に書き込まれるようになり、5領域の内容各々においても、乳幼児の心情・意欲・態度を育てるという日本の保育の基本枠組みは変わらないが、現代の子どもの生活や経験の実態に応じて、協働を含め、より精緻な観点と表現が加えられたといえるであろうし、実施のための保育課程と指導計画の関係も明確になった。そして保育の質の向上の実現のために、園全体で研修をし資質向上を目ざすことが求められている。つまり保育の質は園全体での保育者の専門性にゆだねられているといっても過言ではない。そこで、保育者の専門性を改定内容との関係の中で、私なりの視点から述べてみたいと思う。

2　専門家の判断は見通す眼と受け止める感性から

指針総則2（四）では「保育所の役割及び機能が適切に発揮されるように、倫理観に裏付けられた専門的知識、技術及び判断をもって、子どもを保育するとともに、子どもの保護者に対する保育に関する指導を行うものである」と今回初めて保育者は高次の判断業務を伴う専門家であることが述べられている。知識や技能が必要なのはいうまでもないが、知識や技能があってもそれが適時に使えなければ保育課程の質にはつながらない。そこで、質を支える判断とは何かを、私が最近出会ったひとつの実際の保育事例を通して考えてみたいと思う。

4月下旬の雨の日、保育室から新入園の3歳児・洋ちゃん（仮名）がベランダへ出ようとしている。そこはぬれていて滑りそうになっている。ぬれたままの足で部屋に戻られても困る。担任の保育者はそこで洋ちゃんを追ってベランダへ出た。小雨だった

Ⅲ-9 保育者の感性と判断を磨く

ので洋ちゃんはおそらく雨が降っているかどうかを確かめたくて雨に向かって手を出した。

　このとき保育者がどのようにかかわるかによってその後の保育の展開は大きく変わってくる。出て行ったことを問題ととらえ、その問題を解決しようとするなら、中に入るように声をかけただろう。しかしそこでその保育者は、洋ちゃんといっしょにしゃがみ肩を並べ雨に向かって手を出し「雨と握手」とひと言つぶやかれた。にっこりした洋ちゃんの姿、雨を確認するふたり、そして上を見ていると雨がルーフに当たる音も聴こえてくる。「雨の音聴こえるね」と言っている所へもうふたりの園児もつられて雨音に耳を傾けにやってきた。よく見ると、ベランダのところにはてるてる坊主も付いている。

　保育者にとっての問題を解決するのではなく、その子どもが何に出会っているのかという、その子どもの関心やその子にとっての出会いや学びの課題を感じ取ることで、洋ちゃんは、雨をより深く実感を通して出会い体験し、保育者との一体感や安定感も深めたのだろう。そしてその洋ちゃんと雨の出会いは他児をも巻き込んでいる。手をぬらす雨の感触と雨音という聴覚のつながりの意識は、今回新たに加えられた「生命、自然及び社会の事象についての興味や関心を育て、それらに対する豊かな心情や思考力の芽生えを培うこと」というその年齢に応じた自然の事象に対する思考力の芽生えということもできるだろう。この後、洋ちゃんはベランダで靴の裏がぬれて足跡がつくことも発見している。

　保育者の判断はあれかこれか、この子にかかわるかほかの集団にかかわるか、どれだけここにいるか動くか、どのように声を

かけるか見守るかといった常にジレンマ状況である。しかしそこで子どもの感じているものを感じ取る保育者の感性が、子どもの経験をより深めつなげていくことができるということができるのではないだろうか。今ここで何がその子に必要かをその子の発達の過程、入園からの日々、昨日と今日、先程までの時間と今現在の時間というさまざまな時間の相のつながりから直感的に見通すことで、子どもの発達は豊かにもなれば、お決まりの反応を保育者がすることでこま切れの断片的行動だけにもなっていく。ジレンマとも思わなくなってくると、こなす保育、動かす保育へと転じていく。

　そして瞬時の判断の裏側には、この事例ならば雨の日には雨を意識した保育が、風が吹けばそれを感じてその年齢相応に子どもたちと豊かに楽しむ保育ができるための天候と保育の関係に関する専門的知識や技能に裏付けられた感性がなければならない。そしてそれを子どもたち全員に経験してもらうのか、子どもの動きの中から引き出されたときにキャッチして応じていくのかが求められるといえるだろう。子どもたちは日々の保育の場での暮らしの積み重ねの中で育つ。その個々の経験がどれだけその子にとって意味ある深い経験になるかは、保育を知らない人から見ればなんでもない行動にも見えるが、保育者の思慮深いふるまいによって決まるともいえる。この意味では、いろいろなアンテナを張って専門的知識を豊かにしておくことやそれに基づいた環境構成が大切であると同時に、瞬時の子どもの声や動きへの感受性とそこでの援助の技能こそ「子どもが現在をもっともよく生き、望ましい未来を作り出す力の基礎を培う」保育の原理に

Ⅲ-9 保育者の感性と判断を磨く

基づく保育の質を決めるといえる。

　このような事例はどの園でもどの保育者にもある一場面だ。そこをとらえストップモーションで見てみることで保育課程の質の分かれ道をとらえることができると私は考えている。「保育をしようと思うな。保育になっていくようにすることが大切」という言葉は、あるベテラン園長先生の言葉だが、そこには子どもたちの歩みを認めながらそこからつなぎ、判断し保育を創り出そうという保育のツボが隠されているように思う。

　保育者の仕事は、日々育つ子どもと出会い感じられるよう磨くことが大切になる。「出会う」とはみずからの既存の枠組みから出て、そのときの子どもと会える感性である。「こういうときはこうすればいいはずよね」ということを覚えることがまず新任期には大切だが、それだけを使い回して保育をこなしていると、子どものおもしろさに出会えなくなり可能性が見えなくなる。だからこそ磨く、洗練させる感覚を持つことが大切になる。といっても保育はひとりでやっているのではない。チームで園全体で園児たちを育てている。だからこそ、このような日々自分を新しくするきっかけの場所として、園内研修があるといえる。そこで次節では園全体での保育課程と園内研修ということから専門性を考えてみたい。

● ── Ⅲ-10
保育を記し共に語る

1　保育の質を上げる3本柱の仕組み

　前節は保育の質を上げることが目ざされ、そのために保育者の専門性としての感性と判断の重要性を述べた。保育の質の向上のために、国際的には3本の柱で改善が進めれられている。第1が教育課程・保育課程というカリキュラムに関する部分のきめを細かくするのか、大綱化するのかという次元である。保育所保育指針の告示化によって規範性は強くなったが、内容は大綱化されることで創意工夫が図られるようになった。第2には、保育者の資質向上のために、記録を取り、自己評価をし園内研修等をして実践のあり方を高めていくことである。保育者の資格や現職研修のあり方をどこまでどのように保障していくのかという次元である。そして第3が保育の評価の次元だ。保育所ではすでに第三者評価は始まっており、そこに園としての自己評価のあり方を検討する委員会も始まった。第三者評価、園としての自己評価、保育者の自己評価を具体的にどのようにその内容を規制するかゆだねるかも国の政策等によって大きく変わってくる。この三次元がサイクルになって力動的に変化するソフトの充実と施設面等構造上でのハードの充実によって保育の質向上へという流れが、世界各国の先進国が現在取り組んでいることである。特にこの2点目をここでは考えているわけだが、この節では保育中の感性や判断という側面から、それを振り返って考える、記録と振り返りの語りという面を考えてみたい。

Ⅲ-10 保育を記し共に語る

2　保育の記録

　保育所保育指針の中で「施設長」の義務として「職員及び保育所の課題を踏まえた保育所内外の研修を体系的、計画的に実施するとともに、職員の自己研鑽(さん)に対する援助や助言に努めること」と努力義務が求められている。そして解説書の第7章の職員の資質向上のところに、既存の記録や資料を活用しての研修ということが「資料は、日常的に記録している保育日誌、連絡帳、児童票などを資料として活用することも有効です。こうした記録の研修への活用は、発達の連続性を捉えやすくする上でも重要です」と述べられている。

　記録を見返すことで、第1には、ある特定の子どもの発達していく姿から、子どもが園での発達において抱える課題やそれをどのように乗り越えていくのか、どのような援助が意味があったのかを振り返るということができる。保育の参考図書の中で記録というと、きちんと厚く書かれた例がよく引かれているが、その保育者の日々無理のない形で書かれたものを生かしていくことのほうが長続きして大事ではないかと思うこともある。

　以前に保育者との共同研究で、1年間のある3歳児クラスでの保育日誌を後で振り返りながら、ある子どものことを保育者が1年間どのようにとらえ子どもはどのように変わっていったのかを検討したことがある。日誌はほんの数行ずつのものだが、それでも保育者がクラスの子どもを書く際の詳しさは時期によって違っており、日誌の中で特定の子どもだけに焦点を当てて整理して振り返ってみてみると、詳しくその子どものことを書く時期と比較的記述が淡々と薄い時期があることがわかる。当然のことながら、

詳しく書いている時期は保育者はとてもその子どものことを気にしているわけである。そしてそこでのカンファレンスでもその子どものことを述べている。しかし年間を振り返ってみると、その子どもが他児との関係の中で居場所を見つけ、次第にその子らしさを発揮する行動が出てくると、記録は消えていく。そしてそれはその問題となったときだけではわからなかったことで、あらためてその子どもの育ちを話題にして考えてみたことによって、あるクラスでの彼の生活の安定への課題を見直すことができた。それによって発達の連続性とあるタイプの子どもが示す問題として見えるような行動と、それを超えていく姿を園の先生方でいっしょに理解していくことができた。連絡帳等も有効に活用することが、保育者にとっても、また保護者にとっても子どもの育ちを長期的に見る目を培うよい機会になる。

　また第2には、ある保育内容をテーマとして園全体で問題意識を持ち、保育記録を取ってみて考えていくこともできる。「科学する心を育てる」をテーマとした保育の実践研究を支援する仕事に当方はかかわらせていただいているために、毎年全国のさまざまな保育所や幼稚園が書かれた実践記録を読ませていただく。記録には、実際の子どもたちの声と姿が詳しく書かれてあるので、その子どもたちの多様性や保育者のかかわり方への省察、先生たちのそのテーマへの探究過程を知ることができる。うちの保育所では自然がほとんどなく運動スペースも少ないので、雨の時期にお散歩などにも出られない、ではどのようにしたらよいかを子どもの動きに合わせて室内環境を構成しながらその姿を写真や記録に取っておき、時間の流れとともに考えてみることなど

は、特定の子どもの発達ではなく、保育環境の見直しや保育実践内容の探究という意味を持った記録になる。

また第3には、第1や第2のように書き言葉で記すゆとりも時間も持てないというときでも、例えば意識的にビデオやデジタルビデオカメラで保育の過程を収めておくことによって、保育の中でのやり取りのあり方などを振り返ることができる。映像記録は長時間撮っても長時間見ることは研修時間の中ではなかなか困難なのでできにくいのだが、短時間での子どもの活動の中に見られるおもしろさや、保育者のことばがけのあり方を考えたり、保育の物の役割や環境設定、雰囲気など、保育者も自覚していない部分を振り返るのにはとても有効な方法だといえる。

3　物語る言葉と同僚性

そしてそのそれぞれの記録やその記録の活用方法によって、保育者の資質のどこが育っていくのかは当然違ってくる。ひとりでは気づかないことを他者に語ってもらうことで、あらためてその子どものよさと課題、実践のよさと課題、活動や環境のよさと課題などに気づくことができるといえるだろう。そのためにはどのようにそれらの出来事を物語る言葉を持つかが大事なように思う。日本は反省の文化、つつしみ深さの文化を持っているという。しかし自己防衛的になるか、特定のことを子どもの家族の問題や施設の構造や制度上の問題として保育の外に原因を帰属する語りをしている限り、保育の質や資質は豊かにならない。したがって、いかに自分はそこから保育について学んだかをそれぞれが語り合う、おもしろい・興味を持つことを語ること、そして

その事例や記録を出した人が出してよかったと思えるような語りをすることが研修や同僚の間での作法であると思う。いろいろな園の研修に入れていただくと、それぞれの園がその園固有の語りや説明を代々伝承し形成してきていることに気がつく。同僚性とは同じ職場の同僚というだけではなく、同じビジョンを持ったり、保育観を共有したりしていく仲間ということができるが、物語る関係やそこで生まれた記録は園の同僚性と園文化を築いていくのである。自分では気づかないことも、言語化することで気づき理解を深めるとともに、相互に共通する専門的知識を構築することができる。したがって記すこと、そして物語ることは研修の両輪である。保育者個人にとっても園全体にとってもひとつの文化を作り出していく営みであり、特別のイベントというよりも記し、物語るという日常の積み重ねの中にこそ、大きな保育の質向上の鍵はあるといえるだろう。そしてさらに園内研修そのものについても何か記録をしたり残しておいたりすることが、自園の保育の次の一歩を考えることにもつながるといえる。

●——Ⅲ-11
保育者の学びと同僚性

1　保育を語ることで学ぶ

　保育者の力量形成や専門性の向上のために、保育記録の重要性や語り合うことの意味を前節で述べた。ではどのような過程がそこに働いているといえるのだろうか。右図は、保育における園内研修でどのようにして学習が起こるのかを私なりにモデルとして描いてみたものである。

　まず、保育について自分なりに心の中でなんとなく気になること、子どもや保護者、自分の思っていることと行なっていることなどにずれを感じたりすると問題を感じる。しかし日々の保育では、その問題をしっかり個人の中で焦点化しないと時間とともに流れて忘れてしまうということも多くある。園内研修で自分が発言するときに、なんとなく感じたことを言葉にするにはどこかに焦点を当てることになるので、そこで言語化することでより問題を自覚することができる。これが研修で起こる学習の第1のステップになる。

　また第2には、ほかの人の発言である。ほかの人は自分とは違う見方を時に提出してくれるので、その対話を通して自分の見方の特徴や違いを知ることができる。もちろん、だからといってすぐに納得できないことも多いだろう。しかし、対話を通して自分の保育の特徴や保育を見る見方の特徴を感じたり意識したりできるという学習が起こるのである。

　また第3には、自分のクラスの子どもや保育の実践事例だけではなく、ほかの人の事例の中で大事なこと、問題になっていることはなんだろうと考えて、共通理解をしていくことを通して園と

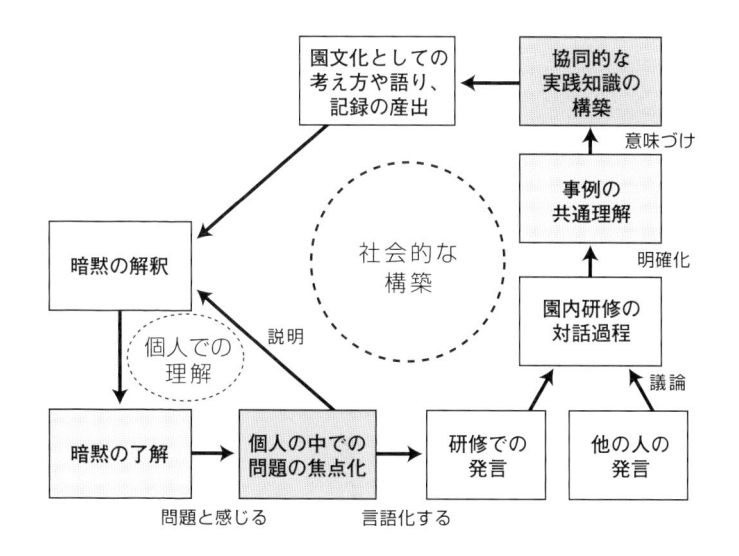

```
園文化としての          協同的な
考え方や語り、    ←    実践知識の
記録の産出              構築
                          ↑ 意味づけ
                        事例の
                        共通理解
   暗黙の解釈              ↑ 明確化
      ↓       社会的な   園内研修の
   (個人での   構築      対話過程
    理解)                  ↑      ↑ 議論
              説明
   暗黙の了解 → 個人の中での → 研修での  他の人の
               問題の焦点化    発言     発言
   問題と感じる  言語化する
```

図　園内研修での専門的な実践的知識協同構築の過程　Stahl（2007）を引用修正

して大事にしたい価値や実践的な知識を得ることができるということである。そしてそうした機会が繰り返されたり、園内研修や職員会議の記録などが残っていくことで、「うちの園ではこうしているから」という伝承によって学ぶということが起こる。各々の先輩から学ぶと同時に、その園にある前年までの教育・保育課程や記録資料、保育の素材などから、「こう書けばいいのだ、こういうふうに私もやってみよう、私もこの素材でやってみよう」といったようにレパートリーが広がり、工夫が生まれることになる。そしてこのサイクルを繰り返す中でさまざまなことが見方や語り方、ふるまい方の学習が生まれていくといえる。もちろんそこには、参加する保育者の課題意識が必要である。その場にい

ても課題意識を共有できなければ、「関係ない、どうでもいい」となればそこで終わりになるのはいうまでもない。「あの人は何年たっても変わらない」といわれる人は、課題そのものを感じていない場合が多いようである。

2　同僚性の構築

とはいっても、このような語りと学習が生まれていくためには、同僚同士の関係が重要である。同僚性というのは、同じ職場で働いている人を単にさすのではなく、保育について同じ展望を共有してその実現のために共に働いている人の関係をさしている。

同僚性がうまく機能するためには、まず第1には、経験や考え方には差異があったとしても、相互に対等な関係、つまり相手のことをきちんと聞いたり受け止め合ったりする関係ができていることが必要条件である。

また第2には、一見その人には直接は関係のないように見える情報でも相互に共有しておくような情報の冗長性が大事だといわれている。自分のクラスには今は関係ないことでも情報を得ておくことで、参考になることは多い。

第3には、同僚性は知的な事がらだけではなく、共感し合うという感情の共有こそ大事になる。親身になれる、わが事としてとらえ、感情を含めた語りが出されたときに本音でつながりあえるといえる。

そして第4には、以上のような関係を担うには、相互に話し合ったり振り返ったりする機会や場、時間を取れるように組織する施設長や園長のリーダーシップが問われる。保育者は相互に協力

し合いながらも、保育中はそれぞれみずからの責任を果たして行動しているので、相互に話し合う時間は意識的に設けなければ、同僚性は構築できない。短期的に目に見える効果よりも長期的に醸成されて育ち表れてくる部分が多いことを考えて、園の中でその場を設定できる勤務環境をつくることが重要だといえるだろう。

3　園のビジョンとアイデンティティ

　保育者の専門的な学習支援を考えたときに、職員会議や園内研修などの場で、園として大事にしたい価値を具体的に子どもの姿や出来事から共に確認し合うことが重要な意味を持っている。なぜなら、何のためにどのような保育に向けて学ぶのかということが重要な意味を持っているからである。保育は毎年さまざまな子どもとかかわる中でその子どもを育てながら自分の実践を磨いていく仕事だといえる。一見同じ活動でも、同じままかそこに工夫をするかということで工夫から活動の理解や意味が深まっていく。

　作家の大江健三郎さんが前に作家の仕事は言葉を磨くことであり、それを英語ではエラボレーション（elaboration）というと書かれていたことがあった。それを引用して教師の学習には「エラボレーション（磨き合い）、コラボレーション（支え合い）、オーケストレーション（響き合い）」の3点が重要と考えている。でも大事なことは、まずは響き合って楽しさを共有することで支え合う気持ちが生まれ、磨こうという意欲が生まれるという順序性である。専門的力量の向上というとひとりずつが磨くことから

Ⅲ-11 保育者の学習と同僚性

始めるようなイメージが強くある。しかし人が育ち合う職場では必ずまずは響き合って、支え合い、そこから若い人も、あまり問題意識を最初は持っていなかった人も導かれて、参加し、その気になって、学び始めるというダイナミズムがある。大人数の職場組織になるほど、この関係は大きな集まりだけでは機能しなくなる。だからこそ、同じクラス、同じ年齢の子どもたちを見ている人たちでの語り合いこそ意味あるものになる。

しかしまたその一方で、毎日顔を合わせている関係だけに少人数だとはっきりとは言いにくいということもあるだろう。この意味でいつも同じ組織だけではなく、地域の小学校や幼稚園、保育所との合同研修は新たな視座を開くひとつの契機になる。

多様な子どものニーズ、多様な家庭、多様な保育形態に対応しなければならなくなってきている今日、智恵を持ち寄りながらその園全体としての智恵を増やしていく、そうした協働的な学びが専門的力量形成のためにさらに求められるようになってきているといえる。

―――――――――――――――――――――――――――――
＜引用文献＞
秋田喜代美　2008「園内研修と保育支援」臨床発達心理実践研究、3巻、pp35-40.
秋田喜代美、キャサリン・ルイス（編）2008『授業の研究　教師の学習：レッスンスタディへのいざない』明石書店

第Ⅳ章 よりよい保育を目ざして

●——Ⅳ-1
昔遊びの世代間伝承

　ある保育園の園長先生が子どもたちとオハジキやゴム段遊びをすると、子どもたちが皆それらの遊びに夢中になり、はまっていくことを話されていた。

　オハジキはとても手軽で、知的な挑戦を生む遊びであり、適切な判断と手先の巧緻性を育てていく。また、少人数の子ども同士が、遊びを通してさらに関係を深めていくうえでもよい遊びである。ゴム段もまた幼児のリズム感覚や、「跳ぶ」運動機能を発達させる経験として、とても重要な遊びである。両者共に子どもなりの工夫があって練習を積むほどにできるようになっていくから、そこに自信やその子なりの目当てが生まれていく。

　研修会後の雑談だったので、保育者だけでなく、保育者以外の方々も同席されていた。そして、それらの方々とお話していて、とても興味深いことがわかってきた。それは現在40歳以上の人たちは、オハジキやゴム段遊びの経験をご自分でされているのだが、20、30代前半の人はオハジキという物の名前は知っているが、自分たちで遊んだ経験のある人が少ないということであった。

　それは、ちょうどＴＶゲーム、ゲームボーイが出てきた1980年代後半以後に、幼児期・児童期だった人たちあたりから、これら昔遊びの経験がないということになる。現在、幼児や児童を子育てしている母親世代である。したがって、家でも子どもに昔遊びの伝承はなされていない。

　ごくわずかな人との話し合いからの推測であり、地域性もあるだろうからどこまで一般化できるかどうかは定かではない。森下

みさ子さんが『おもちゃ革命』(岩波書店)の中で、「持ちて遊ぶもの」としてのおもちゃが変革の危機にあるとして、手遊びおもちゃから電子おもちゃ遊びへと、とって変わってきていることへの警鐘を鳴らす本を出されたのが、1996年であった。

電子おもちゃ遊びでの知的経験と、手遊びおもちゃでの経験の違いは明らかである。身体性、協働性、瞬間の判断という知性が手遊びおもちゃによって育てられる。

家庭ではすでに伝承しようにも伝承者を失ってきている。だからこそ、それをただ批判するのではなく、園で子ども文化の価値を見出し伝承していくことが、幼児期にこそ求められるだろう。それは今、個々の子どもだけではなく、わが国の子ども文化の未来にかかる事がらである。

●——Ⅳ-2
「学び」では語れない「遊び」の醍醐味

　近年、「遊びの中の学び」「学びの連続性」「協働的学び」など、幼児教育で学びの話が頻繁にされるようになっている。それは新たな視点で保育を見直すひとつの手がかりとはなるだろう。しかし、保育の中心は「遊びと生活」であり、遊びを学びでとらえることで、遊びの一部を取り出して要素としては語れても、遊びそのものが持つ醍醐味は語れないと思われる。

　それはロシアの心理学者ヴィゴツキーが水を研究するのに水素と酸素を分析しても水はとらえられないといったことと通じる。だから、私は講演テーマを「学び」とした依頼がくると、すべてそれを意図的に「遊び」に変えてお話ししてきた。

　しかし、保育、特に幼児教育で「効果的な学び」や「生涯学習の基盤」という言葉で学習が語られる現象は、国際的に見られる。幼小移行研究で有名なイギリスのダンロップ教授に、「どうして遊びが大事だと思っているのに、効果的な学びと学習を強調する表現を使用するのか」と尋ねたことがある。「行政は遊びには予算を付けないけれど、学習とすると、社会が納得し、予算を付けてくれるから」という明快な答えが返ってきた。

　行財政のための保育用語として、学習や学びはあるともいえるだろう。しかし、近代以降の私たちの社会がこれから本当に必要なのは、効果的な学習を求めていく生活ではなく、人を幸せにする遊びの価値をあらためて見いだしていくことではないのだろうか。子どもだけではなく大人や社会が、遊びを認めていくための手だてを考えていくことではないだろうか。

　「遊びは、子どもにとって思考の最初の学校です」「遊びは、

他のどの教育分野もできないような柔軟性、弾力性、創造的能力を教えます」[1]。これはヴィゴツキーの言葉である。

「遊び」のよさは目的に縛られることのない発展性にある。もちろんルールのある遊びや伝承遊びのように型が一定程度決まった遊びや、ごっこ遊びのようにある種の役やシナリオのような台本があるものもある。

しかし漢語の「遊」が「波の流れにまかせていくこと、ぶらぶら遊びまわること」を示したり、ドイツ語の遊びを示す「Spiel」が「あてどなく行きつ戻りつする運動」を示すように、直線的ではなくその揺らぎの中に大きな特徴がある。

目的語を取る「学ぶ」と目的語は取らない自動詞「遊ぶ」の違いが遊びの醍醐味である。

大人が考えた「〜遊び」やゲームなどは、自由があるようで実はそこに発生的な側面が少ない。

小学校以上の授業などで「〜遊び」や「〜で遊ぼう」が、「遊び？」と感じてしまうのはここにあるように思う。子ども側の創意工夫

Ⅳ-2 「学び」では語れない「遊び」の醍醐味

こそが柔軟性、創造性、弾力性を創る。

　大地教育研究所所長の塩川寿平さんが「名もない遊び」と言われているように、子どもが生み出していく遊びは、名付けが後にくるところに重要な意味がある。身体的な揺らぎ、動きの共振や、ものとの出会いが先にあり、それからそこに言葉が付き、さらに子どもによって見たてられたり、相互に共有されて意味が与えられていく。だからこそ、遊びが身についていくのである。

　この発生的な順序性の保障こそが、乳幼児の遊びでは大事ではないだろうか。それは保育者が計画を持って保育をしていくときにも、主体性を生かすために不可欠な順序性のように思われる。

　先日、東北大学加齢医学研究所の川島隆太教授と鼎談させていただく機会を持った。その時に川島先生が提唱されている「脳トレ遊び」は「遊びなのか」という質問をさせていただいた。このように名付けられるのは、名称によって保護者が積極的に子どもと短時間いっしょになって遊び、触れ合うことを推奨されているからだという。

　私はこの親子の触れ合いの重要性には大賛成である。しかし、「遊び」との名付けに抵抗を感じるのは、トレーニングと遊びは同じではないだろうと感じるからだ。遊びとは、大人側の設定で目的が決まるのではなく、たとえ保育者が決めたとしても、子どもの心の中で遊び心となって取り組まれ、結果として、どのような創造性や感情が喚起されるかの質で決まると考えている。

　そして、そこには遊びこそが次の文化を創る人の想像力と創造力、人の関係による幸福感の基礎を培うと考えるからである。

学びだけを求めることは、習熟や蓄積という発達を効果でとらえ、価値づけていく。しかし、社会や文化の刷新はその人がその人らしく最大の力を出し合える遊びの心から生まれ、絆をつくりだすのではないだろうか。

　学びだけで保育を語ることは、子どもという存在の可能性をやせ細らせていくことになるのではないかと思う。遊びを正面から語ることこそ、今の時代に求められているのである。

＜引用文献＞
（1）ヴィゴツキー.L.S著　柴田義松・森岡修一訳『児童心理学講義』（明治図書出版）

●——Ⅳ-3
協働的な遊びをはぐくむ

1 なぜ今協働的な遊びか

　なぜ今、協働的な活動が強調されるのかをまず述べたい。そして幼児期にふさわしい協働はどのようなものと考えられるのか、それを支える保育者の役割を、私の個人的意見として述べたいと思う。

　協働性の重視は、幼児期の教育にのみとどまるものではない。またわが国の教育だけにとどまるものでもない。知識社会と呼ばれる今世紀においては、新たな発想や知識を生み出すことが重視されている。それには決まりきったことを効率よくできるというだけではなく、個人の力だけではなく、異質な経験や考えを持った人がかかわり合ってそこから新たな思想や出来事が創発されてくることが期待されている。ＯＥＣＤ（ヨーロッパ経済協力開発機構）では生涯学習社会にとって人が必要な学ぶ力（キーコンピテンシー）として「１　他者とうまく関わり協力したり、トラブルを処理するなど社会的に異質な集団で交流すること、２　大きな展望、あるいは文脈の中で行動するなど自律的に活動すること、３　言語やテキスト、情報、技術などの道具を状況に応じてやりとりしながら活用すること」という３つの能力を挙げている（OECD, 2003）。

　幼児教育は生涯学習の基盤を培っているといわれている。つまり、上記の３つのコンピテンシーを幼児の保育に引き付けてとらえるならば、いろいろな友達と協力して遊びや暮らしを見通しを持って主体的に作りあげていく力を培うことが大切であり、幼児にとってふさわしい、言葉や身の回りの遊びや暮らしの道具な

どを状況に応じて使いこなしていく力が求められているといえるだろう。しかも乳幼児期を保育所や幼稚園という制度的な機関で長時間、長期間過ごす子どもたちが増えてきているだけに、これらの力を保育の中で培うことが必要になっているのである。これはこれまでに保育の中で大事にしてきたことであり、これからの知識社会を見通しても国際的にも、子どもの実態からも今後さらに求められることであるといえるだろう。この意味で古くて新しい課題を「協働」という言葉で再度提起しているともいえる。

ただし保育において重要なことは、保育における活動形態として小グループ活動や一斉活動が行なわれているかどうかという問題ではない。ひとりひとりの子どもの発達の過程やクラスの子どもたちの関係性の発達に応じて、子どもたちが協働したいという思いを持ち、協働することが実際に行動としてできるようになるまでに各々の力を育てていくことが求められる。小学校では、協働学習というと、教師や生徒たちによってあらかじめメンバーが決められた班やグループがあり、3〜6人程度のそのグループを単位として活動を行なうことを一般的には意味することが多い。しかし保育における協働は、活動に応じて協働の必要性がある子どもたちが集まり、そこで遊びにおいて意図の調整や交渉が生まれていくことや、クラスの中で分担した当番活動などのグループで、責任感や役割を遂行することに誇りを持ってかかわれる意識が育っていくことが大切である。時には協働という形態にはならず、いざこざや物別れになったり、グループ間でのぶつかり合いが起こったりして孤独に耐えてみることや悔しい思いをすることも、協働にいたる道筋における経験としては、発達的に

Ⅳ-3 協働的な遊びをはぐくむ

見ればきわめて重要なことである。

　また決められたメンバーで学ぶべき目標に対して複数の人が集まることでより効果的にその目標に到達できることや、参加する意欲を高めることが重要な小学校の協働とは意義が異なる部分も多い。仲よしグループで効果的に活動できることだけではなく、さまざまな友達とやりとりして相手の考えをくみ取ってかつ自分の思いと折り合いをつけて協働できるようになっていくことのほうが大切であり、時にはトラブルからグループから離れて孤立したり、入りたいと思いながらなかなか入れない状況があり、それをみずから、あるいは周りの友達の援助を得て克服して協働にいたる過程のほうが重要なこともある。つまり協働において何をもっとも優先するかも、小学校以上の授業における協働学習と保育における協働的な活動では異なっている。したがって、「協働的な学び」という言葉だけが保育において独り歩きしたときに、小学校以上の協働学習を取り入れた形に即直結することを恐れるのである。もちろん仲間と協働していく能力は幼児期から児童期へとつながっていくし、その力が育つことや人と協働することへの信頼が生み出されていく経験が重要なのである。

2　日々の遊びや暮らしを通して協働を培う

　欧米の幼児教育では、子どもたちが主体的にテーマを決めて小グループで活動をしていくプロジェクトアプローチが進められてきている。アメリカにおけるプロジェクトアプローチの場合には主題が教師の中にはあり、その展開の見通しを持ちながら、時にそれをＷＥＢＢＩＮＧ（活動内容等を網の目関連図として関連

を記述する表現方法）などの手法で計画として表現しながら準備がなされたり、記録が取られたりする。日本の中でもこのような形態を取られる園もあることは承知している。だが日本においては日常の降り積もるようなさまざまな経験の連続性の中で、しぜんに生じる協働をより重視してきた。主題とする内容に向けて何を子どもが学んだかというよりも、その目的に至る過程での子ども同士の関係性を個々の思いと関係の発達から協働をとらえて見ていこうとする面が日本の保育にはより強いし、それがわが国の保育のよさであり、また一方では弱みでもないかとも思っている。学習内容から見るよりも個々の子どもの心に描いた思いや課題の実現としての行為や表現をとらえていく、長い目で見守り見抜く保育を大事にしたいと思う。多様な保育の形があってよく、園の先生方が「協働」を鍵概念として模索することが大切だろう。

　協働のためにまず必要なことは、暮らしの場にいて安心できることであり、居場所が見つけられ安定して遊びに迎えることである。そして次には仲間と同じものへと向き合う共同注視ができることである。それによっていっしょに何かをしたい、やろうという思いが生まれてくる。かかわろうとしているものごとに五感で丁寧にかかわろうとすることで、その子らしいかかわりをし始める。そこで自分の思いを出せる、あるいはそのやりたい行動を実現できる能力や工夫が必要になる。そして時にはそれができなければ、人に尋ねたり、手伝ってもらえるよう自分の思いを伝えたりする能力が必要になる。また一方でほかの友達の思いを聴き取ること、そして時に交渉し自分を抑えて譲ることや、折衷案を考えること、新たな発想を生み出すことが必要になる。そして

Ⅳ-3 協働的な遊びをはぐくむ

具体的に目ざすことの目標ややり方についてのイメージを共有できることや実現していくための技能が求められる。そしてそこに仲間意識や自分の役割への責任感などの意識が育っていく。ごく短時間の協働から継続的安定的に協働できるように、より持続可能な協働ができるようになっていく。そしてそれによって遊びの中でもいろいろな工夫が生まれていくことで、協働することで活動の深まりも生まれていくようになる。

　そしてこのような関係が決まった仲よしの友達と協働できるようになることから、クラスのさまざまな仲間と、また違うクラスの友達や異年齢の友達ともできるようになることなど、かかわりの人の広がりを持ってできていくところに協働する輪の発達がある。

　このために、保育者は集団での遊びにかかわろうとしない子、加わってもすぐに抜けてしまう子、集団の中でほかの子どもに引きずられていて自分を出し切れていない子などに対して、その子の気持ちや状況、発達に応じた援助が必要になる。そしてまた大事なことはこのようなさまざまな子どもの個への対応と同時に、クラス全体の絆を深めるための関係づくりとして、クラス一斉で楽しめる活動、グループが助け合ってクラス全体でひとつのことを深めていく活動、それぞれのグループで違う役割を担いながら交流できる活動などを、自発的な遊びだけではなく、保育者からも意識的に組織していくことも大切になる。もちろん協働は保育者が設定した活動としてのみ生じるのではなく、このバランスが重要である。そして子どもたちがみずから見通しを持って主体的に協働する遊びや生活を作り出し、豊かに楽しみながら行なえるようになる育ちが求められるだろう。集の中で個のよさ

が生かされ、また個のよさが発揮されることでおもしろい遊びが生まれ集まってきてつながっていく、そのような姿をどの園でも保障していくことが21世紀に生きる子どもを育てていくのに求められるのではないだろうか。

●── Ⅳ-4
保育における連続性

　生活の「連続性」、発達の「連続性」というように、「連続性」という語が保育所保育指針や幼稚園教育要領の改訂においても強調されてきた。地域、家庭と園生活とのつながりが生活の連続性であり、それまでの経験や知識・技能がその後の活動に生かされることが、発達の連続性であると、私はとらえている。

　連続性は継続性とは異なる。同じことを反復し続けるのではなく、ある種の質や相の変化があるのが連続性なのである。

　連続性が保幼小の連携接続のみで唱えられるのではなく、子ども自身がいかに主体的にその経験を遊びや学びに発展させ、広げ深めていくのかをとらえる視点が大切だろう。また、何がつながっていくのかという議論の中で、これまで十分に語られてこなかった内容は何かと、あらためて見直してみることも定番の語りに陥らないためには大切だろう。

　2009（平成21）年の9月初めに、ハーバード大学にある保育所を訪問したり、プロジェクトゼロのメンバーと話したりする機会があった。彼らはイタリアのレッジョエミリアのメンバーと協働連携して、「見えない教育」といわれる乳幼児教育を議論している。そこで乳幼児期から児童期の子どもたちがどのようにして美的感覚を共に学んでいくのかがひとつの話題になった。知的な学びや社会的な関係性の育ちは日本でもよく議論される。「美」といえば、すぐ絵画や造形、音楽といった領域「表現」としてとらえがちである。

　しかしそうではない。きれい、美しい、よい、整っている、すっきりしていると感じる心は、分野を越えて基盤となり連続する感

覚だろう。その美的感覚を乳幼児期からいかに育てていくのか、どのように連続性を作り出していくのかは、おもしろい課題である。子どもは美しいと思ったものに触れるとそこにとどまる。そして時には目を凝らし、時には接近し、関係をより深めようとする。

　自然物の美しさ、人工物の美しさ、レイアウトの、ふるまいの、思いやりの、言葉や表現の……美しさを感じる心を、子どもは「美しい」という言葉を知らなくてもはぐくんでいく。

　連続性の基盤にあるものとして、「美」のような根源的価値を考えていくことは、幼児期の活動が小学校のどの単元の導入にいかに役だつのかといった説明とは別の次元で、子どもの志向性を形作り、生き方の価値を考えていくうえで、より重要なのではないだろうか。そのため保育者もまた、乳幼児期の環境や活動の中でよさや美しさを培うとは具体的にどのような体験であるかを見てみるときがあってよいのではないかと思う。

●——Ⅳ-5
アートへの意識

　創造性神話という言葉を聞いたことがあるだろうか。創造性はごく一部の特別な才能を持った人だけが発揮するものや音楽一家や芸術一家という言葉があるように、子どもは小さいときは創造的だが通常は段々平凡になるが、特別の環境や教育を早期に施された人だけが、その才能を伸ばすことができるというように信じてしまったりすることである。「神話」とわざわざ呼ばれているように、科学的にいうならば、このような特別な才能が遺伝的、生得的にあるわけではない。だが、そのように大人が社会の中でいつのまにか考えてしまうことが流布している。だから美術館に行ったりすることから足が遠のいてしまう。しかしよく考えてみるならば、保育の場はまさにアートへの志向を子どもたちに最初に育てる場ともいえるだろう。現在のように98％の子どもが制度的な集団保育の場に通っている現在では、保育の場がいかにアートの経験を保障しているのかを考えてみることは大切ではないだろうか。

　ある園の保育室を訪問すると、子どもの描いた絵が色画用紙の枠の台紙の上にはられている。また真っ白な紙よりも少しくすんだ色のほうが子どもたちには時に自由に描きやすく、色が映えるのでそのような紙が用意されていたり、縦長のものには縦長につないだ画用紙が使用されたりしている園がある。またさまざまな色彩や色調を絵の中に見いだすことができる園がある。また一方で、描かれた作品が洗濯バサミで挟まれてつるされているが、これはいつ描かれた絵なのだろうかということがある。原色ラインマーカーの色調は微妙な感覚を伝えにくい。私は園で絵画教

室をやってほしいといっているのではない。保育室の美的環境とは何かを考えることが、環境を通した教育である幼児教育において重要なことではないかと思っているということである。

　ある小学校で教室の前にイーゼルがひとつ立っている。そこに子どもの描かれた絵が毎日1枚ずつ取り上げられる。校長先生がいつも並べて掲示されているのは、苦手意識を持っている子どもにとっては比較という目を育てがちである。しかしひとりひとりが思いを持って表した表現を味わう鑑賞という目を小さいときから育てるには、時にこのように1枚ずつ味わうのも大事だと思ったと話してくださった。たった1枚の絵の飾り方であるが、そこには教育観が現れるように思う。

　飾るという行為がフリルやレースで着飾るように、付加的なものを付けることではなく、それぞれを丁寧に扱う、表現されたものではなく、表現のプロセスに思いをはせてそれにこたえる環境を構成したり、言葉を返すということがアートの環境づくりではないだろうか。造形の素材や教材の量ではない。このような丁寧さの中にある美しさ、整えられた感覚が、もっと表現してみたいと新たなものを作り出してみる欲求を生み出すのではないだろうか。

　子どもがさまざまな表現媒体を使ってみずからの経験が表れるような環境、その表現を味わったり、その味わいが響き合うことでひとりひとりの存在が認められるような環境への意識こそ、保育におけるアートへの意識ではないかと思う。

●——Ⅳ-6
国際的に見る幼保一体化の次元と日本のこれから

　2010（平成22）年、幼保の制度的一体化の議論が進められるであろうことは間違いない。世界的に見ると、すでに一体化をしているチリ、フィンランド、スウェーデン、ニュージーランド、ノルウェイ、スロベニア、スコットランドなどに比べて、日本は二元化（認定こども園も含めての多元化）のままの国である。この意味では、一体化の方向性自身は国際的動向から見て誤った方向ではない。フィンランドは0～6歳は福祉局の担当、6歳後半以上が教育部局担当であるが、ほかのすべての国では教育担当部局がこの統合を担当する体制となってきている。この背景には、政策や組織運営、財政的な側面と共に、歴史的に保育哲学やカリキュラム構成のあり方が影響を与えてきている。

　統合するといっても、何を統合するのか、幼保政策、法律体系と施設や保育者の資格、保育時間などの規制のあり方、財政的な流れ、カリキュラム、質保障の評価やモニタリングシステム、給与体系、保育料、保育者の養成と研修のあり方、地域による統合のあり方などの検討が必要になる。したがって早々簡単には全体としては進まない。すでに3歳上のナショナルカリキュラムではかなりの部分が一体化してきているとはいえ、財政的な流れの一本化、地方行政での所管の一体化などは可能であっても、それ以外の部分は、幼稚園では私立が8割、保育園では5割という私立比率の高さではかなりの困難が予想される。そしてそのそれぞれのためには一体化のための戦略の見通しが必要になる。

　そしてこの背景できちんと議論すべきは、保育・幼児教育を社会的に子どもを育てる責任においてどのような機能を担う制度

として意味づけるのかということについての、理念的検討の必要性である。小学校以上の教育とは異なる機能として養護と教育の一体的展開を国や社会が公的にどのような責任を担って行なうのかの議論である。単に待機児童対策や働く母親の就労支援などの目先のことだけで議論されるべきことではない。

　2009（平成21）年12月のOECDのECEC会議の折に、ニュージーランドとスウェーデンの幼児教育政策担当官が語っていた言葉が私には印象的であった。「私たちは20年、30年の展望と理念を持って、データの裏づけを持ちながら保育の一体化と質の向上に取り組むための政策に取り組んできた」という言葉である。スウェーデンとニュージーランドの政策は同じではない。しかし、このようにグランドデザインをしっかり担当政策官が持って進めていくことが必要なときにきているのではないだろうか。何年かに一度さまざまな部署を交代してキャリアアップしていくキャリア官僚や選挙の票集めのための政治家による目先に左右される人たちだけの政策立案ではなく、保育に長くかかわってきた多くの関係者の声と叡智を集めて、この一体化への課題に着実取り組んでもらいたいと切に願うのは私だけではないだろう。

●──Ⅳ-7

最低基準地方移譲の問題点

　どの保育者も、すでにある目の前の園環境の中で、少しでもよい保育の質をいかに保障できるかに心を砕き、子どもの幸せを願って、日々の保育を行なっている。その園環境の基準である認可保育所の最低基準が地方分権改革推進委員会第3次勧告の内容で大きく揺らごうとしている。国がこれまで定めてきた福祉施設の最低基準を、各地方公共団体に移譲することは、経済状況が悪化している現状の中で、より劣悪な状況に子どもを追いやることに等しい。

　待機児童解消という問題と、最低基準の移譲という問題はきちんと整理し、現在通園する子どもにも、またこれから入所を希望する子どもにも等しく、少なくとも現行の最低基準以上の環境を準備していく方向を打ち出すことが、鳩山首相の今回の所信表明にも合致するものであることを政府に理解してもらいたい。アメリカの教育政策のトップは、乳幼児保育・教育への投資である。国際的に不況の中でも先進諸国が国の未来をかけて保育についてのどのような政策をうっているかに学んでもらいたい。園や自治体の努力によって行なう責任と、国が保障するべき責任は、それぞれにある。そして本問題が認可保育所に通う子どもたちや保育士だけの問題ではなく、これからの子どもの未来への、国の責任の取り方の問題であることを理解してもらいたい。

　地方公共団体の経済格差により、これまでの最低基準すら崩されていく状況は、現在の子どもたちの10年後、20年後にどのような影響を及ぼすかを、国の行政関係者は本気で考えてほしい。

福祉施設の最低基準の問題として、高齢者福祉と保育所など児童福祉の問題が同次元ですべて論じられていこうとされている。人間の尊厳を守る点では等しく必要であっても、行政に対しみずから言葉を語れぬ乳幼児については、日本の将来のためにどれだけの投資をすべきかを、国が考えてほしい。分権改革をすべてよしとするのではなく慎重な審議が必要である。

　平等と卓越性は現在の保育・教育を考えるときに外すことができない鍵概念である。地方移譲はこの平等性についての国の責任放棄ともいえる。子どもたちが過ごす園の実態をきちんととらえ、わが生活と引き比べ、わが子やわが孫だったらどうかと考え論じてもらいたい。

　最低基準を国が責任を持ち戦後60年間保障してきた意義は大きい。保育士の配置と施設の設置基準、そして保育所保育指針が国によりさらに質のよいものとなって守られることが、日本の子どもたち数百、数千万人の未来にかかっている。

● — Ⅳ-8
少子化時代の施策

　東アジア諸国は、どの国も少子化時代に突入している。韓国、台湾、日本も 2000（平成 12）年以降似た状況にある。女性の労働市場参加が高まり、また子どもへの教育投資を好む儒教圏の親の価値観や晩婚化などが影響を与えているといえるだろう。先日、私の所属する東京大学学校教育高度化センターの大学院生たちのプロジェクト報告で、韓国、台湾、日本の小学校統廃合の傾向の相違の報告があった。地域の小学校統廃合をもっとも早くから始めたのは日本であり、小中一貫校やコミュニティスクールなど新タイプ校設置や地域住民からの声で統廃合が進められている。これに対し、韓国では 1990 年代に経済政策ならびに少人数学級等実現のためにトップダウンに急激に進められ、その後はあまり統廃合はなされていない。台湾はもともとの学校規模や学級規模が大きかったために、現在も学校の適正規模に向けて学校数はむしろ増大する傾向にあるという。各国が少子化に直面して、これまでの歴史と共に今後の学校のあり方をどのようなものとして思い描くかによって、学校の適正規模や地域との関係は変わってきていることが、数値的に明確にでてきていた。

　その報告では、国からの支出と地方自治体の支出比率が分権化によって自治体比率が高くなるほどに、統廃合が進んでいく傾向も示されていた。

　この話を聴きながら、では小学校段階ではなく、幼稚園、保育園はこれからの制度のあり方についてどのようなヴィジョンを思い描くのかをあらためて考えさせられた。幼稚園は地域によって、過疎やドーナツ化現象で小規模化していくところだけではな

く、私立幼稚園間、公立－私立間、幼稚園－保育園間の競争等でも小規模になるところも表れてきている。幼稚園や保育園の適正規模はどの程度であったら、子どもたちにとって暮らしやすく、先生たちの協働もできるのかということも、今後の認定こども園制度のあり方とともに考えてみる必要があるのではないだろうか。また東アジア、特に日本では保育者ひとり当たりが担当する園児数は大きい。学級規模や兄弟のいないひとりっ子の増加の中での異年齢児保育経験も考えて、組み方を考えていく必要があるだろう。

また地域に根ざした子育て支援機能を持ったセンターとして園の姿を今後描いていくとすれば、私立幼稚園においても、若い保育者が7、8年で退職するというサイクルだけではなく、保護者の世代にアドバイスできる年代層での保育者の強化が必要である。退職しても再雇用され、また年代に応じた強みを生かした園でのあり方や保育者のライフコース設計を考えて、養成や研修のあり方を考えていくことも必要だろう。

このような点から、東アジアの国々の保育制度のあり方を考えて語り合ってみるのも時間が許せばおもしろい内容ではないかと思う。

おわりに

　つれづれなるままに書いてきた文章を読者の視点から再度組み立ててくださったのは編集者です。私の関心が保育での子どもの姿と園の組織力と研修、保育者の専門性、そして保育の質を日本の伝統の中で高めていくことにあるのがおわかりいただけると思います。養成校のテキストでも保育学研究者向け学術書でも保育者向け保育マニュアルでもなく、保育の場に直接届いて何かひとつの振り返りの契機になる思索のためのブックレットを、というねらいがこの冊子にはあります。同ねらいの前作が版を重ねているのも有難いことでした。心に留めていただけるページがあったら、付箋でも貼り、読んでいただけたら幸いです。

　本書の写真は、神奈川県相模原市の林間のぞみ幼稚園　藤本吉仲園長先生がご自身で撮影された写真を提供くださいました。様々な年代層と性別の保育者が各々の持ち味をいかしつつひとつの園の趣をかもし出す姿をこの園からも学ばせてもらってきました。公私

立の幼稚園や保育所での園内研修、各地域・団体の研修会、80回を越えた毎月の東大でのＫＳ研究会の積み重ね等の中で多くの方々から学ばせていただいてきました。このおかげで保育をしたこともない私が、保育での出会いから文章を書かせていただいています。誌面の都合でこの方々おひとりひとりのお名前は挙げられませんが、心より感謝を申し上げます。また毎週の新聞連載の同行者である日本教育新聞 小林佳美さん、本書編集を担当くださった安藤憲志さん、橋本啓子さんにも編集の労に厚く御礼を申し上げます。

秋田 喜代美

初出掲載誌一覧

第Ⅰ章　日々の保育から

1　日本教育新聞（日本教育新聞社）……… 2010 年　3 月　1 日
2　日本教育新聞（日本教育新聞社）……… 2009 年　9 月 28 日
3　日本教育新聞（日本教育新聞社）……… 2009 年　6 月 22 日
4　日本教育新聞（日本教育新聞社）……… 2010 年　3 月　8 日
5　日本教育新聞（日本教育新聞社）……… 2009 年　7 月 13 日
6　日本教育新聞（日本教育新聞社）……… 2009 年　7 月 20 日
7　日本教育新聞（日本教育新聞社）……… 2009 年　7 月 27 日
8　日本教育新聞（日本教育新聞社）……… 2009 年 10 月 26 日
9　日本教育新聞（日本教育新聞社）……… 2009 年 11 月　9 日
10　日本教育新聞（日本教育新聞社）……… 2010 年　3 月 15 日
11　日本教育新聞（日本教育新聞社）……… 2009 年 11 月 16 日
12　日本教育新聞（日本教育新聞社）……… 2009 年 11 月 24 日
13　日本教育新聞（日本教育新聞社）……… 2009 年 12 月　7 日
14　日本教育新聞（日本教育新聞社）……… 2009 年 10 月 12 日
15　日本教育新聞（日本教育新聞社）……… 2009 年 10 月 19 日
16　日本教育新聞（日本教育新聞社）……… 2009 年 12 月 14 日
17　日本教育新聞（日本教育新聞社）……… 2009 年 12 月 21・28 日
18　日本教育新聞（日本教育新聞社）……… 2010 年　1 月 18 日

第Ⅱ章　園の質 向上のために

1　週刊教育 PRO（日本教育綜合研究所）…… 2009 年　7 月　7 日
2　週刊教育 PRO（日本教育綜合研究所）…… 2009 年　8 月　4 日
3　日本教育新聞（日本教育新聞社）……… 2009 年　3 月 10 日
4　日本教育新聞（日本教育新聞社）……… 2010 年　1 月 25 日
5　日本教育新聞（日本教育新聞社）……… 2010 年　2 月　1 日
6　日本教育新聞（日本教育新聞社）……… 2010 年　2 月　8 日
7　保 育 学 研 究（日本保育学会）…… 2009 年度版第 47 巻・第 2 号
8　週刊教育 PRO（日本教育綜合研究所）…… 2009 年　6 月　9 日

第Ⅲ章　保育者の専門性とは

1　日本教育新聞（日本教育新聞社）‥‥‥‥2010 年　2 月 15 日
2　日本教育新聞（日本教育新聞社）‥‥‥‥2009 年　9 月　7 日
3　日本教育新聞（日本教育新聞社）‥‥‥‥2010 年　3 月 22 日
4　日本教育新聞（日本教育新聞社）‥‥‥‥2010 年　4 月　5 日
5　日本教育新聞（日本教育新聞社）‥‥‥‥2009 年　6 月 15 日
6　週刊教育 PRO（日本教育綜合研究所）‥‥2009 年 11 月 10 日
7　週刊教育 PRO（日本教育綜合研究所）‥‥2009 年 12 月　8 日
8　週刊教育 PRO（日本教育綜合研究所）‥‥2009 年　9 月　8 日
9　保　　育　　界（日本保育協会）‥‥‥‥‥2008 年　6 月号
10　保　　育　　界（日本保育協会）‥‥‥‥‥2008 年　7 月号
11　保　　育　　界（日本保育協会）‥‥‥‥‥2008 年　8 月号

第Ⅳ章　よりよい保育を目ざして

1　日本教育新聞（日本教育新聞社）‥‥‥‥2009 年　8 月 17 日
2　日本教育新聞（日本教育新聞社）‥‥2009 年 9 月14日・同21日
3　ちゃいるどネット大阪（大阪保育子育て人権情報研究センター）‥‥‥第 83 号
4　日本教育新聞（日本教育新聞社）‥‥‥‥2009 年 10 月　5 日
5　週刊教育 PRO（日本教育綜合研究所）‥‥2009 年 10 月 13 日
6　週刊教育 PRO（日本教育綜合研究所）‥‥2010 年　2 月　2 日
7　日本教育新聞（日本教育新聞社）‥‥‥‥2009 年 11 月　2 日
8　週刊教育 PRO（日本教育綜合研究所）‥‥2010 年　3 月　2 日

●著者紹介

秋田　喜代美（あきた きよみ）

東京大学大学院教育学研究科教授。
日本学術会議第20期、21期会員
厚生労働省社会保障審議会児童部会委員
文部科学省中央教育審議会初等中等教育分科会委員

東京大学文学部社会学科卒業。(株)富士銀行勤務。
退職、第一子出産後東京大学教育学部学士入学。
東京大学大学院教育学研究科博士課程修了。博士(教育学)。
東京大学教育学部助手、立教大学文学部助教授を経て現職。
主な著書『知を育てる保育～遊びでそだつ子どものかしこさ～』
　　　　ひかりのくに
　　『絵本で子育て』岩崎書店（共著）
　　『保育の心もち』ひかりのくに

●写真提供　林間のぞみ幼稚園

保育のおもむき

2010年5月　初版発行
2014年8月　3版発行
著　者　秋田　喜代美
発行者　岡本　健
発行所　ひかりのくに株式会社
〒543-0001　大阪市天王寺区上本町3-2-14　郵便振替00920-2-118855
〒175-0082　東京都板橋区高島平6-1-1　郵便振替00150-0-30666
ホームページアドレス　http://www.hikarinokuni.co.jp
印刷所　図書印刷株式会社

乱丁・落丁はお取り替えいたします。　　　　　　　Printed in Japan
検印省略 ©2010　　　　　　　　　　　　　　ISBN978-4-564-60705-9
　　　　　　　　　　　　　　　　　　　　　　NDC376　128P 18.8×13.2cm

R 〈日本複写権センター委託出版物〉
　本書(誌)を無断で複写複製(電子化を含む)することは、著作権法上の例外を除き、禁じられています。
本書をコピーされる場合は、事前に日本複写権センター（JRRC）の許諾を受けてください。
　また本書を代行業者等の第三者に依頼してスキャンやデジタル化することは、たとえ個人や家庭内で
の利用であっても一切認められておりません。
JRRC（http://www.jrrc.or.jp　eメール：info@jrrc.or.jp　電話：03-3401-2382）